Für:

....

Eine Frau, für die Gott kostbare Geschenke bereithält:
Abenteuer, Geborgenheit und tiefe Beziehungen

Über die Autorin

Elisabeth Mittelstädt ist die Gründerin der christlichen
Zeitschrift LYDIA, die in drei Sprachen erscheint: Deutsch,
Ungarisch und Rumänisch. Außerdem ist sie Autorin von
„Größer als meine Träume" und Herausgeberin zahlreicher
Bücher.

ELISABETH MITTELSTÄDT

Wunderbar
GELEITET

*Was wir heute von Frauen
der Bibel lernen können*

GerthMedien

INHALT

DURCH MEINE AUGEN

*H*erzlich willkommen! Ich kann es kaum erwarten, einige Erfahrungen mit Ihnen zu teilen, die ich im Laufe der Jahre gesammelt habe. Fünf wunderbare Frauen der Bibel – Lydia, Ruth, Noomi, Rahel und Lea – haben mein Leben bereichert. Auf den folgenden Seiten werden Sie mehr über ihre ganz persönlichen Lebensreisen erfahren und wie sie auch mir den Weg gezeigt haben.

Ich muss gestehen: Es war sehr schwer für mich, nur fünf Frauen auszuwählen. Denn in der Bibel kommen 239 vor! Vielleicht wäre Ihre Wahl anders ausgefallen. Aus unterschiedlichen Gründen habe ich mich aber für diese fünf entschieden.

Es ist naheliegend, dass ich *Lydia* ausgewählt habe – schließlich habe ich sogar eine Frauenzeitschrift nach ihr benannt! Und in diesem Jahr feiert die Zeitschrift ihren 30. Geburtstag. Es kam mir passend vor, eine christliche Frauenzeitschrift nach der ersten Christin in Europa zu benennen. Sie ist ein

Beispiel dafür, was eine Frau mit Entschlossenheit, Voraussicht, Großzügigkeit und einem offenen Herzen für Gott und andere Menschen bewirken kann.

Dann sind da Ruth und Noomi. Ihre Beziehung ist bemerkenswert, weil sie einander Treue und Respekt erweisen. Es bringt mich zum Staunen, wie Gott sie inmitten ihrer Herausforderungen leitet und versorgt. Ruth ist eine der großartigsten Frauen der Bibel und ihre Liebesgeschichte mit Boas ist viel reicher als die meisten Liebesromane.

Das Verhältnis zwischen Rahel und Lea sah dagegen etwas anders aus. Während wir einen flüchtigen Blick auf ihr Leben erhaschen, dürfen wir lernen, unsere eigenen Freundschaften zu prüfen. Sind wir auch eifersüchtig und besitzergreifend? Wie können wir neue Beziehungsmuster einüben, mit denen wir unsere Familie, unsere Freunde und Gott ehren?

Die fünf Frauen, die wir auf den folgenden Seiten begleiten, hatten Mut. Sie gingen Risiken ein. Sie wussten, was es bedeutet, Mangel zu leiden, umziehen zu müssen, geliebte Menschen zu verlieren. Diese Frauen können uns den Weg zeigen. Sie waren mit Situationen konfrontiert, die auch wir erleben. Die Lektionen, die wir von ihnen lernen können, sind heute noch dieselben wie vor Tausenden von Jahren.

Vielleicht werden Sie sich in manchen Momenten fragen, warum Gott diese unvollkommenen Persönlichkeiten auf die Seiten der Heiligen Schrift aufgenommen hat. Doch Sie werden entdecken, dass diese ungeschminkten Berichte ein Geschenk für uns Frauen von heute sind.

Ihr Weg war nicht leicht, ihr Vorbild ist nicht vollkommen. Doch sie halten uns einen Spiegel vor, der uns hilft, unsere eigene Geschichte besser zu verstehen. Lassen Sie uns ein Stück weit in ihren Schuhen gehen und schauen, wohin Gott uns leitet. Ich bin froh, dass wir nicht mehr als fünf Frauen „eingeladen" haben. Ich kann mir vorstellen, wenn Eva anfangen würde zu erzählen, wie sie ganz alleine ein Kind zur Welt brachte – nur mit Gottes Hilfe –, sie würde vielleicht kein Ende finden …

Gönnen Sie sich doch eine Tasse Kaffee, machen Sie es sich gemütlich, und lauschen Sie den Geschichten dieser Frauen. Jede von ihnen hat so viel Weisheit zu bieten, aus der wir Kraft und Mut für unser eigenes Leben schöpfen können. Ich habe ihnen über die Jahre hinweg zugehört und sie als geistliche Mentorinnen schätzen gelernt. Zwischendurch werde ich ein paar eigene Erfahrungen einstreuen. Und ich lade Sie ein, auch selbst mitzureden.

Wo immer Sie gerade auf Ihrer Lebensreise sind, was immer Sie durchgemacht haben, der himmlische Vater wartet auf Sie. Er hat Sie geschaffen. Er sieht die Haare auf Ihrem Kopf und die Narben auf Ihrem Herzen. Er ist der Eine, der Sie kennt, der Ihnen beisteht und Sie wertschätzt. Er liebt Sie, wie Sie sind – nicht, wie Sie denken, dass Sie sein sollten … so, wie er auch Lydia, Ruth, Noomi, Rahel und Lea geliebt hat.

Ihre Elisabeth Mittelstädt

KAPITEL 1

LYDIA: UNERWARTETE BEGEGNUNG

Was passiert, wenn eine Frau Herz und Tür öffnet?

Wenn wir jung sind, schauen wir in die Zukunft. Wir sehnen uns danach, etwas zu erschaffen. Wenn wir alt sind, schauen wir zurück auf die Vergangenheit, die wir als Vermächtnis hinterlassen. Und in der Mitte des Lebens? Blicken wir in beide Richtungen.

Neulich las ich von *Lebenslauf-Tugenden* und *Laudatio-Tugenden*.[1] Erstere sind diejenigen, die Sie bei der Bewerbung in Ihrem Lebenslauf auflisten; die Eigenschaften, die Sie auf dem Arbeitsmarkt zu bieten haben und die zu äußerem Erfolg beitragen. Letztere bezeichnen diejenigen, die bei Ihrer Beerdigung erwähnt werden, die Ihren Charakter im Innersten ausmachen. Diese zwei Arten von Tugenden entsprechen zwei Fragen, die wir uns stellen sollten: *„Was tue ich?"* und *„Wer bin ich?"*.

Es passiert schnell, dass man dem einen eine höhere Priorität einräumt als dem anderen. Wir leben in einer Gesellschaft, die uns darin bestärkt, darüber nachzudenken, wie wir unsere Karriere vorantreiben können, die uns jedoch oft allein lässt mit der Frage, wie wir unser inneres Leben kultivieren können. Mit anderen Worten: Unsere Kultur misst dem Tun eine höhere Priorität bei als dem Sein. Wir haben ellenlange Lebensläufe und eine kurze Laudatio.

Gott will nicht, dass wir das Tun wichtiger nehmen als das Sein oder das Sein wichtiger als das Tun. Ganz egal, wo wir die Bibel aufschlagen: Tun und Sein gehören zusammen.

Lassen Sie uns Lydias Leben betrachten. Wer war sie? Was hat sie getan? Sie hat ein unvergessliches Vermächtnis hinterlassen – nicht nur für ihre Familie, sondern für ganz Europa.

***

Während unserer theologischen Ausbildung waren meine Klassenkameradin Ingrid und ich vom antiken Mazedonien fasziniert. Wir beschäftigten uns mit der Apostelgeschichte und all den Wundern, die Paulus auf seinen Missionsreisen in diesem Gebiet vollbracht hatte. Wir waren so begeistert, dass wir beschlossen, dorthin zu reisen und uns diese geschichtsträchtige Gegend einmal mit eigenen Augen anzuschauen.

Also setzten wir uns 1970 in den Ferien in den Zug und begaben uns auf die weite Reise. Als wir in Mazedonien ankamen, quartierten wir uns auf einem Campingplatz ein – das war alles, was wir uns als Studentinnen leisten konnten.

Am nächsten Morgen standen wir in aller Frühe auf und marschierten die Straße entlang in der Hoffnung, ein paar Christen zu finden. Leider trafen wir niemanden. Nach einiger Zeit setzten wir uns erschöpft, hungrig und enttäuscht in einem öffentlichen Schwimmbad unter einen Baum, um uns auszuruhen. Ingrid nahm ihre Gitarre heraus und begann zu singen. Schnell scharten sich einige junge Leute um uns und wir konnten mit ihnen über unser Leben reden.

Während wir dort saßen und uns unterhielten, fragte ich mich, ob Paulus ähnlich empfunden hatte wie wir, nachdem er der Vision gefolgt war, in der Gott ihn nach Mazedonien rief. Als er dort ankam, wusste er nicht, wem er begegnen und wo genau dies geschehen würde. Aber am Fluss trafen Paulus und seine Reisegefährten auf eine Gruppe von Frauen, die sich am Sabbat zum Gebet versammelt hatten. Sie setzten sich zu ihnen und sprachen mit ihnen. Bei dieser Gelegenheit lernten sie Lydia kennen, eine Purpurhändlerin.

Lydia – eine erfolgreiche Geschäftsfrau

Das Erste, was die Bibel uns über Lydia berichtet, ist, dass sie mit Purpurstoffen handelte.[2] Sie kannte ihre Ware gut, weil sie aus Thyatira in Kleinasien stammte, das heute zum Staatsgebiet der Türkei gehört und etwa 480 Kilometer von Philippi entfernt ist, das wiederum im heutigen Griechenland liegt. Die Frauen aus der Stadt Tyros verstanden sich auf die Kunst, das wertvolle Purpur aus den sogenannten Purpurschnecken herzustellen. Das Wasser des nahe gelegenen Flusses Hermus eignete sich gut dazu, die Stoffe einzufärben.

Es gab keine prächtigeren Farbtöne als die karmesin- und purpurroten Farben aus Thyatira. Die Purpurfarbe, die traditionell als Farbe der Könige galt, war nicht billig. Da man beinahe 800 Schnecken brauchte, um ein einziges Gramm Farbe zu gewinnen, waren Purpurstoffe bei den Reichen sehr begehrt und galten als Statussymbol. Außerdem waren sie Bestandteil der offiziellen Togen, die von Amtsinhabern in den römischen Provinzen getragen wurden.

Die Purpurfarbe, die traditionell als Farbe der Könige galt, war nicht billig. Man brauchte beinahe 800 Schnecken, um ein einziges Gramm Farbe zu gewinnen.

Es ist gut möglich, dass Lydias Firmenzentrale in Thyatira lag und dass sie in Philippi eine Filiale gegründet hatte. In dieser aufstrebenden Handelsstadt konnte Lydia zweifellos gute Geschäfte machen. Ihre Kundschaft bestand sicher zum größten Teil aus einflussreichen Persönlichkeiten, die teilweise jüdischer, teilweise heidnischer Herkunft waren. Ich frage mich, ob sie auch mit jüdischen Unternehmern um Ballen von purpurfarbenen, blauvioletten und scharlachroten Stoffen feilschte, die in Jerusalem zu Tempelvorhängen oder Priestergewändern verarbeitet wurden …

***

Historiker vermuten, dass Lydia eine Witwe war, die tapfer das Geschäft ihres Mannes weiterführte, um den Lebensunterhalt ihrer Kinder zu sichern. Zweifellos behauptete sie zu einer Zeit, in der Frauen als minderwertig galten, erfolgreich ihren Platz in der Männerwelt. Ich vermute, dass ihr geschäftlicher Erfolg auch darauf zurückzuführen war, dass sie eine charakterstarke, aufrichtige Frau war, die die Sympathie und das Vertrauen ihrer Mitmenschen genoss. Ich stelle mir vor, dass sie ihre wertvollen Stoffe auch selbst trug – voller Würde und Anmut – und dass das die beste Werbung für ihr Geschäft war.

Philippi war damals das, was heutzutage die Hochburgen für Designer-Kleidung sind – Paris, Mailand, New York. Diese Städte sind bekannt für ihre innovativen Modetrends. So manche Frau lässt sich persönlich ein Kleidungsstück von einem Designer anfertigen, um sicherzugehen, dass sie ein Einzelstück trägt. Sie weiß dann, dass ihr Kleidungsstück extra für sie entworfen und hergestellt wurde – und das ist es, was es so teuer macht. Genauso kostbar waren damals Lydias Purpurstoffe, die sie in ihrem Modesalon anfertigte.

***

In meinem ersten Beruf als Näherin und Modedesignerin stellte ich mir oft vor, wie ein Entwurf im Endstadium aussehen würde. Ich lernte, das Material sorgfältig auszuwählen, sodass es zum Muster passte und ein wunderschönes Unikat entstand.

17

Ob es nun ein ganz besonderes Kleid, ein Schmuckstück oder die kunstvoll mit der Hand geschriebene Glückwunschkarte einer Freundin ist – diese Dinge geben uns das Gefühl, einzigartig, wertgeschätzt und geliebt zu sein. Ist Ihnen bewusst, dass auch Sie und ich einzigartige Meisterwerke Gottes sind? Wir alle sind vom Chefdesigner als sorgfältig geplante Unikate geschaffen worden. Gott wiederholt sich nicht. Jeder Fingerabdruck ist einzigartig und keine andere Frau auf der Welt ist genau wie Sie.

Das griechische Wort, das in Epheser 2, Vers 10 mit „Werk" übersetzt wird, lautet *poieme*. Das ist das Wort, aus dem das englische Wort *poem* (Gedicht) entstanden ist. Sie sind ein Gedicht! Gott hat Ihnen ein Gedicht geschenkt, das Sie schreiben, aussprechen und ausleben sollen. Das ist Ihre Lebensaufgabe!

Wir alle sind vom Chefdesigner als sorgfältig geplante Unikate geschaffen worden.

Sie sind ein einzigartiger Mensch, zu Gottes Ehre erschaffen – darum nehmen Sie seine Berufung an, und widmen Sie sich der Aufgabe, das Gedicht zu werden, als das Gott Sie geschaffen hat. Lernen Sie, Ihre Schönheit und Einzigartigkeit auf dieselbe Weise anzunehmen, wie Lydia es angesichts ihrer eigenen Herausforderungen und Möglichkeiten getan hat. Unser Designer freut sich so sehr darüber, wenn er sieht, dass seine „Entwürfe" kühn und voller Anmut präsentiert werden!

Was ist Ihr Gedicht? Wie können Sie die einzigartige Kraft und Schönheit ausleben, die Gott in Sie hineingelegt hat?

Lydia öffnet ihr Herz

Wenn Paulus auf seinen Reisen in einer neuen Stadt eintraf, ging er immer in die Synagoge, um die Leiter der jüdischen Gemeinde zu treffen. In Philippi jedoch gab es nicht das erforderliche Minimum von zehn jüdischen Männern, um eine Synagoge bilden zu können, obwohl es sich um eine Metropole handelte. Da sie keine Synagoge fanden, gingen Paulus und seine Reisegefährten vor das Stadttor, um zu sehen, ob es am Fluss einige Menschen gab, die zu Gott beteten.

Es war damals durchaus üblich, dass die Gläubigen sich an Flussufern trafen, da die jüdische Gottesdienstordnung auch Reinigungszeremonien beinhaltete, und dafür boten sich die Flüsse an. Paulus und seine Gefährten trafen auf eine Gruppe von Frauen und nahmen Platz, um unter einem schattigen Baum mit ihnen zu reden. Ein Ort, der mich an Gottes ersten Tempel auf Erden erinnert – den Garten Eden.

Es ermutigt mich, dass Paulus die Frauen nicht für unbedeutend hielt. Er sagte nicht: „Ich wünschte, wir würden ein paar Männer finden, mit denen wir uns unterhalten könnten!" Nach traditioneller jüdischer Sitte redeten jüdische Männer nur mit ihren eigenen Ehefrauen und engsten Verwandten – fremde Frauen sprachen sie niemals an. Aber diese Männer taten dasselbe, was Jesus mit der samaritischen Frau am Brunnen tat: Sie setzten sich ans Ufer und redeten mit ihnen. Ist das nicht schön?

Lydia wurde die erste Nachfolgerin Christi auf dem europäischen Kontinent. Wir alle und mit uns der gesamte europäische

Kontinent folgen ihren Spuren. Der erste Mensch in Europa, der zu Jesus fand, war eine Frau!

***

Es ist wichtig, dass wir Gottes missionarisches Wirken während der zweiten Missionsreise von Paulus im Zusammenhang betrachten. Paulus hatte in den Städten, die er besuchte, immer zuerst die Juden aufgesucht. Aber allmählich richtete sich sein Augenmerk (und das des Heiligen Geistes) mehr und mehr auf die großen Städte Europas, und seine Zielgruppe und seine missionarische Strategie veränderten sich. Paulus verkündete, dass Jesus gekommen war, um die Heiden allein durch Gnade zu erretten, nicht dadurch, dass sie die jüdischen Gesetze hielten. Er erklärte, dass Gott keinen Unterschied zwischen Juden und Heiden macht, sondern beide annimmt und durch den Glauben ihre Herzen reinigt.

Wir alle und mit uns der gesamte europäische Kontinent folgen ihren Spuren. Der erste Mensch in Europa, der zu Jesus fand, war eine Frau!

Vor diesem Hintergrund nahm Paulus Kontakt zu Lydia auf. Sie war ein suchender Mensch und betete Gott an, hatte jedoch noch nicht von Jesus Christus gehört. Und obwohl sie eine gottesfürchtige Frau und eine erfolgreiche Geschäftsfrau war, sehnte sie sich nach mehr. So kam sie regelmäßig an den Fluss, um mit den Frauen zu beten. Sie ahnte nicht, dass Gott ihre Schritte lenkte und sie eines Tages dort Paulus treffen würde …

Der Kirchenvater Augustinus schrieb: „Unsere Herzen sind unruhig, bis sie Ruhe finden in Gott." Und: „Es gibt eine von Gott geschaffene Leere im Herzen jedes Menschen, die nicht durch irgendetwas Erschaffenes gefüllt werden kann, sondern nur durch Gott, den Schöpfer, den Jesus Christus uns offenbart."

***

Offensichtlich reichte der berufliche Erfolg nicht aus, um Lydias Herz zu füllen, und als Paulus von dem Einen sprach, der das tun konnte, „öffnete der Herr ihr das Herz für die Botschaft, die Paulus verkündete"[3].

Zu einer Zeit, in der die Männer das Sagen hatten und Frauen wenige Rechte besaßen – selbst in Bezug auf ihre eigenen Kinder –, beschreibt Lukas (der Verfasser der Apostelgeschichte) sie ausdrücklich als eine Frau, die eine wichtige Position im Geschäftsleben innehatte. Es macht mich froh, dass die erste europäische Christin eine gottesfürchtige, äußerst aktive und einflussreiche Frau war. Lydia sollte bald die Gemeinde in ganz ähnlicher Weise führen, wie sie ihr Geschäft und ihren Haushalt führte. Offensichtlich war sie eine Frau, die selbst die Richtung bestimmte, statt vorgegebenen Wegen zu folgen.

Das führte dazu, dass sie und ihre ganze Hausgemeinschaft zu der Keimzelle wurden, aus der sich die christliche

Gemeinde in Philippi und ganz Europa entwickelte. Vielleicht zum ersten Mal in ihrem Leben war ihr Herz zur Ruhe gekommen. Sie war dem Friedefürsten begegnet und hatte den Frieden erfahren, der alles menschliche Verstehen übersteigt.[4]

Gottes Wege sind wunderbar und voller Weisheit

Es war kein Zufall, dass Paulus Lydia begegnete. Stellen Sie sich das einmal vor: eine Witwe, die über 480 Kilometer von ihrer ursprünglichen Heimat entfernt an einer belebten Straße mit Purpurstoffen handelte! Ich glaube nicht, dass Lydia je auf den Gedanken gekommen wäre, dass sie die Gute Nachricht von Jesus Christus erfahren würde. Paulus ahnte ebenso wenig, was auf ihn zukommen würde. Er hatte ja sogar die Absicht gehabt, nach Asien zu reisen, aber der Heilige Geist hatte ihn zweimal daran gehindert, seinem ursprünglichen Reiseplan zu folgen. Während Paulus dann in der Hafenstadt Troas übernachtete, träumte er von einem Mann aus Mazedonien, der ihn bat, herüberzukommen und ihm und seinen Landsleuten zu helfen. Am nächsten Morgen machte sich Paulus mit seinen Gefährten auf den Weg dorthin und kam schließlich nach Philippi.

In Gottes Reich ist nichts dem Zufall überlassen. Die Vision von einem Mann, der im Traum zu Paulus sagte: „Komm nach Mazedonien herüber und hilf uns!"[5], war der ursprüngliche Anlass dieser Reise gewesen. Aber wie genau Paulus mitbekommen hatte, was Gott weiter von ihm wollte, erfahren wir nicht.

Wie erkennt man Gottes Willen?

Wir erfahren Gottes Willen dann, wenn wir bereit sind, Gottes Willen zu tun.

Paulus wurde durch einen Traum bis nach Europa geführt. Sollte es bei dieser ganzen Angelegenheit am Ende bloß darum gehen, eine Bibelstunde für ein paar Frauen zu halten? Doch Paulus war keinesfalls irritiert, dass der erste Mensch, der seine Botschaft annahm, kein mazedonischer Mann war, sondern eine Frau aus Thyatira, die im Gebiet von Mazedonien lebte. Und dass die Gruppe, zu der er predigte, aus einer Handvoll Frauen bestand, die sich an den Ufern des Flusses trafen, der durch Philippi fließt.

Unser Gott sieht von Anfang an, worauf die Dinge hinauslaufen werden. Er sorgt dafür, dass wir zur rechten Zeit am rechten Ort sind, und stillt unsere tiefsten Bedürfnisse auf so vollkommene Weise, wie nur er es vermag.

***

Gibt es einen Traum, den Sie tief in sich hegen? Vielleicht hat Gott Sie ermutigt, im Glauben voranzugehen, aber Sie haben das entscheidende Wort noch nicht gesprochen oder den entscheidenden Schritt noch nicht getan. Vielleicht streben Sie eine neue Arbeitsstelle oder einen neuen Dienst an. Verspüren Sie in sich die Sehnsucht nach mehr oder nach etwas anderem, aber es erscheint Ihnen unmöglich, ihr zu folgen? Oder hat sich Ihnen eine besondere Gelegenheit geboten, aber Ihnen fehlt der Mut, die Hand auszustrecken und sie zu ergreifen?

Viele Frauen sind jahre- oder sogar jahrzehntelang im Gefängnis ihrer eigenen Sorgen eingesperrt: „Was, wenn ich versage? Was, wenn ich Gott falsch verstanden habe? Was werden die anderen denken? Wie kann ich für meine Familie sorgen, wenn ich diesen Traum verwirkliche?"

Als ich vor dreißig Jahren die Zeitschrift LYDIA ins Leben rief, musste ich mit vielen solchen Ängsten fertigwerden. So viele Fragen, so viele Befürchtungen. Ich las damals ein bemerkenswertes Zitat: „Es ist nicht Mut, solange man keine Angst hat." Mir wurde klar: Mut zu haben bedeutet, sich trotz aller Ängste und Hindernisse auf neue Herausforderungen einzulassen.

In vielen der biblischen Geschichten ist es ganz ähnlich. Es geht immer wieder darum, dass Gott die Menschen einlädt, ihm zu vertrauen – angefangen von Mose, der das Rote Meer durchquerte[6], bis hin zu Debora, die eine Führungsposition in Israel innehatte und wesentlich dazu beitrug, ihr Volk aus der Hand seiner grausamen Gegner zu retten[7].

***

Als ich mit der Zeitschrift LYDIA begann, musste ich der Tatsache ins Auge sehen, dass das Ganze ein Misserfolg werden könnte. Aber dann dachte ich: *Selbst wenn es schiefgeht, was macht das schon?* In hundert Jahren würde sich niemand mehr daran erinnern. Also ging ich im Glauben voran – trotz aller Ängste und Widerstände.

Wenn Sie eine Sehnsucht in Ihrem Herzen spüren, dann lassen Sie sich nicht von Ihren Ängsten zurückhalten. Wenn Sie auf Gottes Führung eingehen, werden Sie vielleicht manchmal – wie Paulus – nicht wissen, wohin Sie gehen oder was Sie tun werden. Vertrauen Sie einfach darauf, dass Gott für Sie sorgen und Ihnen den Mut schenken wird, die Dinge ins Leben zu rufen, mit denen er diese Welt segnen möchte. Vertrauen Sie ihm und seinen Wegen, und ergreifen Sie die Gelegenheiten, die er Ihnen gibt. Damit werden Sie die Welt verändern.

Die Zeit ist gekommen, den Schatz zu heben, den Gott in Sie hineingelegt hat. Es gibt ein „Gedicht", das nur Sie dieser Welt schenken können.

Die Zeit ist gekommen, den Schatz zu heben, den Gott in Sie hineingelegt hat. Es gibt ein „Gedicht", das nur Sie dieser Welt schenken können.

Sie werden es nicht perfekt machen. Auch Lydia war nicht vollkommen. Wir wissen nicht, mit wie vielen Hindernissen und Ängsten sie in ihrem Geschäftsleben und in ihrer Familie konfrontiert war. Aber sie ließ sich nicht von ihren Ängsten bestimmen … und ihr Herz war offen für Gott.

***

Wenn ich darüber nachdenke, wie Gott Paulus die „mazedonische Vision" schenkte, bin ich dankbar dafür, dass Gottes Gedanken über alles hinausreichten, was Paulus sich ausdenken konnte, und dass seine Möglichkeiten alles übertrafen, was der Apostel für möglich hielt. Vor seiner Himmelfahrt sagte Jesus zu seinen Jüngern: „Aber ihr werdet mit dem Heiligen Geist erfüllt werden, und dieser Geist wird euch die Kraft geben, überall als meine Zeugen aufzutreten: in Jerusalem, in ganz Judäa und Samarien und bis ans äußerste Ende der Erde."[8]

Während der ersten fünfzehn Kapitel der Apostelgeschichte hatte sich die Gute Nachricht tatsächlich von Jerusalem über Judäa bis nach Samarien ausgebreitet und kam nun, nachdem Paulus seine Reiseroute geändert hatte, in ein noch weiter entferntes Gebiet, nämlich das heutige Europa.

Nachdem Gott dafür gesorgt hatte, dass sich das Evangelium über Judäa hinaus in die ganze Welt verbreitete, beschlossen die Apostel, den Heiden den Weg zur Errettung nicht unnötig schwer zu machen.[9] In der Geschichte von Lydia sehen wir, dass Gott Frauen ausdrücklich in seinen Heilsplan einbezieht und ihnen hilft, ihre einzigartige Berufung zu finden. Durch das Kommen Christi ist alles neu geworden – Gott macht keinen Unterschied zwischen Juden und Heiden, Sklaven und Freien, Männern und Frauen.[10] Während dieser entscheidenden Zeit in der Geschichte steckt Gott die Reiseroute von Paulus neu ab, um eine Frau in seinen Dienst zu rufen, die als Vorbild für spätere Jahrhunderte dienen sollte.

***

Gottes Welt ist größer als unsere. Und die Vision, die Gott Paulus geschenkt hat, zeigt uns, *wie* groß sie ist. Darum tun wir gut daran, uns diese Vision gründlich anzusehen: „Komm herüber nach Mazedonien und hilf uns." Diese Vision stärkt unsere Fähigkeit, uns auf Gottes Dimensionen einzulassen – und auf seine manchmal etwas unkonventionelle, aber immer sehr vorausschauende Art, die Seinen zu führen.

Leider geht es heute in Europa in geistlicher Hinsicht bergab. Wo sind die Menschen, die sich mit anderen zusammensetzen und mit ihnen über die Sehnsucht reden, die nur durch die Liebe Jesu gestillt werden kann? Welche Kurskorrektur könnte Gott in Ihrem Leben vornehmen, damit Sie seine Gute Nachricht über Ihren heutigen Einflussbereich hinaus verbreiten können? Haben Sie schon Ihren Nachbarn von Jesus erzählt? Beten Sie für sie?

Lydia war fürsorglich, energisch und gastfreundlich
Zum Zeichen ihrer Entschlossenheit, Jesus von ganzem Herzen zu dienen, ließen sich Lydia und alle, die in ihrem Haus lebten, taufen. Dasselbe Gewässer, an dem sie sich mit einigen anderen Frauen getroffen hatte, um Gott anzubeten, diente nun dazu, ihren Glauben zu besiegeln. Sie bekannte sich öffentlich zu Jesus und lud Paulus und seine Reisegefährten direkt im Anschluss zu sich nach Hause ein. Ihr Haus wurde daraufhin schnell zu einem Zentrum, wo sich die Menschen versammelten, um Gott anzubeten.

***

Als ich neun Jahre alt war, passierte bei uns zu Hause etwas, das ganz ähnlich war wie das, was in Lydias Hausgemeinschaft geschehen war: Meine Tante kam zu Besuch und erzählte uns von ihrem neu gefundenen Glauben.

Sie sagte: „In der Bibel steht, dass kein Mensch in Gottes Augen gerecht ist, nicht ein einziger. Wir haben alle gesündigt, und wie viele gute Werke wir auch tun mögen, wir können nie gut genug sein, um Gott zu gefallen.[11] Wenn wir uns selbst retten könnten, warum hätte Gott dann seinen Sohn am Kreuz sterben lassen?"

Als unsere Eltern starben, übergaben wir unser altes gelbes Haus der Gemeinde. 60 Jahre später plante die Gemeinde, dort eine Campinganlage für Kinder und Jugendliche zu errichten.

„Wir müssen annehmen, was Jesus bereits für uns getan hat", fuhr sie fort. „In der Bibel steht, dass wir aus Gnade gerettet werden – aus seiner Gnade und nicht aus unserer eigenen Kraft. Unsere Errettung ist Gottes Geschenk an uns – nicht unser eigenes Verdienst, damit sich niemand vor Gott rühmen kann."[12]

Nachdem sie uns allen von dieser Guten Nachricht erzählt hatte, war meine Familie bereit, Jesus anzunehmen. Wir baten ihn, uns unsere Sünden zu vergeben, und machten ihn zum Herrn unseres Lebens. Und da wir die ersten wiedergeborenen Christen in unserem Dorf waren, meldeten wir unser Haus bei der kommunistischen Regierung offiziell als Versammlungsort an, an dem sich mehr als eine Familie zum gemeinsamen Gebet treffen konnte.

Als unsere Eltern starben, übergaben wir unser altes gelbes Haus der Gemeinde. 60 Jahre später plante die Gemeinde, dort eine Campinganlage für Kinder und Jugendliche zu errichten. Der einzige Grund, aus dem sie die Erlaubnis dazu erhielt, war, dass das Haus 60 Jahre zuvor als Gebetsstätte angemeldet worden war.

***

Gott hat Frauen immer sehr wertgeschätzt und große Pläne für sie gehabt. Jesus brachte Frauen viel Achtung und Respekt entgegen. Er begegnete ihnen mit einer Liebe und Offenheit, die sich über alle gesellschaftlichen Normen hinwegsetzte – denken wir nur an Maria und Marta, die Samariterin, die blutflüssige Frau und die Sünderin, die seine Füße salbte. Die ersten Menschen, denen Jesus nach seiner Auferstehung begegnete, waren Frauen – und sie bekamen den Auftrag, den Aposteln die gute Nachricht von seiner Auferstehung zu überbringen.[13]

Darum ist es nicht weiter erstaunlich, dass Lukas in seinem Bericht festhält, dass es eine Frau ist, die als erste Europäerin zum Glauben an Jesus kommt. Sie war die Vorläuferin einer großen Schar von Christen, die im Laufe der Zeit hinzukommen sollten. C. H. Spurgeon, ein großer Prediger des 19. Jahrhunderts, sagte von Lydia: „Ich beneide sie fast darum, dass sie die Anführerin der europäischen Truppe werden sollte – und gleichzeitig freue ich mich darüber, dass eine

Frau die Führungsposition übernahm und dass ihre ganze Hausgemeinschaft ihr auf dem Fuß folgte."

Obwohl Lydia eine erfolgreiche Geschäftsfrau war, sorgte sie für ihre Familie. Die Tatsache, dass sie und alle, die in ihrem Haushalt lebten, gläubig wurden und sich taufen ließen, ist bemerkenswert. Sie ging voran und half den Menschen in ihrer unmittelbaren Umgebung, sich Gott zuzuwenden.

Gott öffnete ihr das Herz, sodass sie glauben konnte, und Lydia ging darauf ein. Wir sehen jedoch, dass Jesus sie danach nicht aus ihrem Umfeld herausnahm – sie betrieb weiterhin ihren Stoffhandel und kümmerte sich um ihre Hausgemeinschaft und eine Reihe von Gästen. Gastfreundschaft ist ein Kennzeichen des Glaubens. Und Gott führte sie so, dass sie in ihrem Beruf für ihn und sein Reich nützlich sein konnte.

***

Wenn ich auf mein eigenes Leben zurückblicke, erkenne ich immer wieder, dass die Patchworkdecke meines Lebens aus den Flicken meiner Träume zusammengesetzt ist. Und die Fäden, die all das zusammenhalten, sind die festen Bande, die mich mit meinen Angehörigen und Freunden verbinden. Viele frohe Stunden saßen wir um unseren Tisch, und Fremde wurden zu Freunden, die uns bei wichtigen Entscheidungen unterstützten.

Auch Lydia hatte Menschen in ihrem Leben, die sie darin unterstützten, sich auf die Berufung einzulassen, die Gott für sie hatte. Wer sind die Freunde und Angehörigen, die Ihnen zur Seite stehen? Und wen ermutigen und unterstützen Sie?

Lydias geistliches Erbe

Lydia führte ein Geschäft und eine Familie, und ich kann mir vorstellen, dass ihr Einfluss in diesen beiden Wirkungsbereichen viele Menschen dazu brachte, sich für die Liebe Gottes und die Botschaft des Evangeliums zu öffnen.

Jesus wurde in seinem Dienst von vielen Frauen unterstützt, die ihm auf seinen Reisen Lebensmittel, Unterkunft und finanzielle Mittel zur Verfügung stellten. Es ist wahrscheinlich, dass Lydia diese Tradition fortsetzte und die Verbreitung des Evangeliums mit Erträgen aus ihrem Purpurhandel unterstützte. Als Paulus die dreifache Ermahnung niederschrieb: „Lasst in eurem Eifer nicht nach, sondern lasst das Feuer des Heiligen Geistes in euch immer stärker werden. Dient dem Herrn"[14], hatte er da vielleicht Lydia vor Augen? Sie war zweifellos ein lebendiges Beispiel für diese Tugenden, und wir dürfen alles daransetzen, ihr in dieser Hinsicht nachzueifern.

Durch ihre Bereitschaft, Gott zu dienen, durch ihr offenes Herz und ihre Großzügigkeit hinterließ Lydia uns ein segensreiches Erbe, von dem wir noch Jahrtausende später profitieren.

***

Lydias gläubige Hausgemeinschaft entwickelte sich zu einem bedeutsamen, einflussreichen Bestandteil der frühen Kirche. Ihr Haushalt war ein Beispiel für die damalige Art von Evangelisation und Gemeindewachstum, denn zu jener Zeit bestand die Gemeinde aus gläubigen Haushalten, die sich zu einem größeren Ganzen zusammenschlossen. Lydia spielte als erste europäische Christin eine wichtige Rolle bei der Entstehung der neutestamentlichen Gemeinde.

Durch ihre Bereitschaft, Gott zu dienen, durch ihr offenes Herz und ihre Großzügigkeit hinterließ Lydia uns ein segensreiches Erbe, von dem wir noch Jahrtausende später profitieren. Gott sorgte dafür, dass sie ihre finanziellen Mittel, ihre Beziehungen, ihre beruflichen Fähigkeiten und ihre hohe Arbeitsmoral nutzte, um zur Verbreitung des Evangeliums und zum Wachstum der Gemeinde beizutragen. Durch ihren Fleiß, ihre Großzügigkeit, ihre Gastfreundschaft, die Kompromisslosigkeit, mit der sie ihren Träumen folgte, und die Tatsache, dass sie sowohl in ihrer Familie als auch in ihrer Stadt eine Führungsposition innehatte, wurde sie vielen zum Vorbild und ebnete ihnen den Weg zum Glauben. Paulus brachte später in einem Brief an die Gemeinde in Philippi zum Ausdruck, wie sehr er diese Gemeinde liebte: „Immer bin ich meinem Gott dankbar, wenn ich an euch denke, und das tue ich in jedem meiner Gebete mit großer Freude."[15]

***

Wie schön wäre es, wenn wir mit unserem Leben ebenso wie Lydia die Gesellschaft um uns herum beeinflussen und dafür sorgen würden, dass andere sich voller Freude und Dankbarkeit an uns erinnern! Wie schön wäre es, wenn Sie und ich mutig und zuversichtlich die Aufgaben übernähmen, die Gott für uns hat, und der Welt unseren eigenen Stempel aufdrückten! Wie schön wäre es, wenn wir wie Lydia – deren Name „die Ehrenhafte" bedeutet – unsere Ehre daransetzen würden, unseren Angehörigen und unserem gesellschaftlichen Umfeld liebevoll und entschieden den Weg zu Jesus zu weisen!

Lydia ist ein sehr gutes Beispiel dafür, was Entschlossenheit, Voraussicht, Großzügigkeit und ein offenes Herz für Gott bewirken können. Sie verkaufte nicht nur ihre Farben und Stoffe – sie diente ihrem Retter. Sie blieb berufstätig, um das Geld zu verdienen, das sie brauchte, um die Diener Gottes in ihrem Dienst zu unterstützen. Wie froh muss ihre großzügige Fürsorge Paulus, Silas und viele andere gemacht haben! Lydia war in erster Linie eine hingebungsvolle Christin und des Weiteren eine gewissenhafte Geschäftsfrau, die damit fortfuhr, ihre wertvollen Waren zur Ehre Gottes zu verkaufen.

Wenn wir in den Himmel kommen, werden wir feststellen, dass diese „Purpurhändlerin" Kleider trägt, die unendlich viel wertvoller sind als ihre Purpurstoffe – Kleider, die nicht mit der kostbaren Farbe Thyatiras eingefärbt, sondern „gewaschen und im Blut des Lammes weiß gemacht"[16] sind.

KAPITEL 2

RUTH: NACH HAUSE KOMMEN AN EINEN ORT, AN DEM MAN NIE GEWESEN IST

Eine Frau, die ihrer Berufung gewiss ist,
auch wenn ihre Zukunft ungewiss scheint

Was könnte emotional niederschmetternder sein, als plötzlich Witwe zu werden und gleichzeitig in Armut zu stürzen?

Jeder dieser schockierenden Verluste wäre genug, um uns zu überwältigen. Zusammen würden sie vermutlich dazu führen, dass wir unter der Last der Trauer zusammenbrechen.

Nicht jedoch Ruth. Sie bahnte sich einen Weg durch die Trauer hindurch und kam unter dem Berg der Verzweiflung hervor – Hand in Hand mit ihrer Schwiegermutter.

So beginnt Ruths Geschichte in der Bibel – mit mehreren Beerdigungen. Aber: Sie endet mit einem überraschenden Fest.

Ruths vertrauensvolle Entscheidungen führten dazu, dass Millionen gesegnet wurden! Und sie erinnern uns: Gott hat bedeutende Pläne für uns.

***

Am Tag meiner Hochzeit trug ich ein schlichtes, aber elegantes weißes Kleid mit passenden weißen Schuhen. Die Gemeinde war mit wunderschönen weißen Blumen geschmückt, die eine Atmosphäre von Reinheit und Erwartung schufen. Es war Januar und wie auf Bestellung tanzten Millionen von Schneeflocken über den Himmel und hüllten die Stadt Vancouver in ein weißes Gewand.

Ditmars Großvater leitete die Trauzeremonie. Als Grundlage für seine Ansprache hatte er Worte der Moabiterin Ruth gewählt, die die außergewöhnliche Liebe und Treue widerspiegelten, die sie ihrer Schwiegermutter Noomi entgegenbrachte.

Besteh nicht darauf, dass ich dich verlasse! Ich will mich nicht von dir trennen. Wo du hingehst, da will auch ich hingehen. Wo du bleibst, da bleibe ich auch. Dein Volk ist mein Volk und dein Gott ist mein Gott. Wo du stirbst, will ich auch sterben und begraben werden. Nur der Tod kann mich von dir trennen; wenn ich dieses Versprechen nicht halte, soll Gott mich hart bestrafen! Ruth 1,16–17[1]

Als Großvater Ruths Geschichte vorlas, hatte ich das Gefühl, dass er einen Teil meiner eigenen Lebensreise erzählte. Ich konnte mich in Ruth hineinversetzen. Wie sie kam auch ich aus einer anderen Kultur.

Während ich zuhörte, fragte ich mich, ob auch meine kleine Geschichte eines Tages Teil einer größeren Geschichte werden würde. Gott hat eine wunderbare Art, etwas Besonderes aus einem Leben zu machen, das bedeutungslos, vielleicht sogar verpfuscht scheint. Er kann ihm Tiefgang und Würde verleihen.

***

Das Buch Ruth ist eine faszinierende, romantische Geschichte. Obwohl es nur vier Kapitel hat, gilt das Buch als literarisches Meisterwerk.[2]

Wir entdecken darin, dass Frauen Gott wichtig sind. Noomi und Ruth repräsentieren zwei Völker, zwei Religionen und zwei sehr unterschiedliche Persönlichkeiten. Ruth ist zum Zeitpunkt der Geschichte vermutlich Mitte zwanzig, Noomi Mitte vierzig.

Ruth wuchs in Moab auf, einem Land südlich des Flusses Amon. Heute bildet das Gebiet den südlichen Teil des Landes Jordanien. In Moab beteten die Menschen eine Vielzahl von Göttern an.

Noomi gehörte zum Volk Israel und lebte mit ihrer Familie in Bethlehem. Die Israeliten beteten nur einen einzigen

Gott an: Jahwe. Als in Israel eine Hungersnot ausbrach, zog Noomi mit ihrem Mann Elimelech und ihren beiden Söhnen Machlon und Kiljon nach Moab. Elimelech starb dort jedoch und Noomi blieb mit ihren Söhnen allein zurück.

Noomi hatte sich ihr Leben bestimmt anders vorgestellt. Als sie und Elimelech Bethlehem verließen, geschah dies vielleicht aus Sorge um die Zukunft ihrer Kinder. Doch Entscheidungen, die aus Angst getroffen werden, führen oft ins Unglück.

Noomi und Ruth repräsentieren zwei Völker, zwei Religionen und zwei sehr unterschiedliche Persönlichkeiten. Ruth ist zum Zeitpunkt der Geschichte Mitte zwanzig, Noomi Mitte vierzig.

Machlon und Kiljon heirateten zwei moabitische Mädchen: Machlon nahm Ruth zur Frau, Kiljon heiratete Orpa. Nach jüdisch-rabbinischer Tradition war König Eglon von Moab der Vater von Ruth und Orpa.[3] Die beiden waren also Prinzessinnen. Sicherlich gab es viele Männer, die um ihre Hand angehalten haben. Was hat die beiden Damen wohl bewegt, zwei Hebräer zu heiraten? War es ihr Lebensstil, der sie angezogen hat? Oder ihr Gott? Leider währte ihr Glück nicht lange, denn beide Ehemänner starben.

Doch wir werden sehen, wie Gott ihre kleinen Geschichten in eine größere hineinwob, die er selbst schreibt…

Mitkommen oder umkehren?

Nachdem Noomi zehn Jahre lang in Moab gelebt hatte, hörte sie, dass die Hungersnot in Israel vorüber war. Sie machte sich auf den Weg zurück nach Bethlehem.

„Warte mal, Noomi", rief Ruth. „Ich packe meine Sachen und komme mit!"

Die Reise von Moab nach Bethlehem war hart, vor allem wenn man weder Bedienstete noch Lasttiere hatte. Die Frauen mussten ihr Gepäck selbst tragen. Was sie wohl alles zurückließen? Zudem waren allein reisende Frauen ein leichtes Opfer von Straßenräubern. Sie liefen Gefahr, nicht nur ihren Besitz zu verlieren, sondern auch ihr Leben.

Noomi wusste, welche Reise ihr bevorstand. Schließlich war sie den Weg schon einmal gegangen. Stellen Sie sich vor, wie viel Mut es sie kostete, sich ein zweites Mal auf den Weg zu machen – dieses Mal ohne Mann und Söhne!

Unterwegs schlug Noomi den beiden jungen Frauen vor, zu ihren Familien zurückzukehren, weil es in Israel schwieriger für sie sein würde, einen neuen Ehepartner zu finden. Orpa nahm weinend von ihrer Schwiegermutter Abschied, küsste sie liebevoll und machte sich dann auf den Heimweg, zurück nach Moab.

„Du kannst nicht mitkommen, Ruth, das ist mein ganz persönlicher Weg!"

Ruth wollte Noomi jedoch auf keinen Fall verlassen. „Ich gehe mit dir!", verkündete sie entschlossen. Vielleicht entspann sich dann folgender Dialog:

„Du kannst nicht mitkommen, Ruth, das ist mein ganz persönlicher Weg, den ich allein gehen muss!"

„Bitte schick mich nicht weg, Noomi! Du bist das Einzige, was ich auf dieser Welt habe. Du bist jetzt meine Familie. All meine Hoffnung ruht auf unserer Freundschaft. Ich komme mit dir!"

„Aber Israel ist nicht dein Volk."

„Wenn es dein Volk ist, dann wird es auch mein Volk sein. Wo auch immer du hingehst, wo auch immer du lebst, will auch ich hin. Da wird mein neues Zuhause sein."

„Das geht nicht, Ruth. Ich kehre zurück in meine Heimat. Es hat überhaupt keinen Sinn, dass du mitkommst."

„Doch! Du brauchst mich. Und ich brauche dich. Nur der Tod soll uns voneinander trennen. Gott soll mich strafen, wenn ich dieses Versprechen je brechen sollte."

Was hat Ruth Ihrer Ansicht nach motiviert? Pflichtgefühl? Oder eine leise Stimme, die sie nach Hause rief? War ihr wohl bewusst, dass die Entscheidung, die sie an jenem Tag auf einer staubigen Straße traf, ihre persönliche Zukunft und die Geschichte des Volkes Israel grundlegend verändern würde?

Was hat Ruth motiviert? Pflichtgefühl? Oder eine leise Stimme, die sie nach Hause rief?

Auf den richtigen Weg gestolpert

Es war Mitte April und an den einsamen Berghängen blühten die Wildblumen. Die Felder um die Stadt Bethlehem – der Name bedeutet wörtlich übersetzt „Brothaus" – waren wieder einmal mit goldgelber Gerste übersät, die von der warmen Sonne beschienen wurde. Männer und Frauen standen über das Getreidemeer gebeugt, schnitten die reifen Halme mit ihren Sicheln und banden und sammelten die Garben. Damals hatte der Ort nicht mehr als ein paar Hundert Einwohner. Eine klitzekleine Stadt. Selbst heute leben dort nicht mehr als 25 000 Menschen.

Die ganze Stadt geriet ihn Aufruhr, als Noomi auftauchte: Die einst so wohlhabende Witwe von Elimelech kehrte traurig in ihre Heimat zurück. Sie besaß nichts als die Kleider, die sie am Leib trug. Die Leute konnten es kaum glauben und fragten sich, was in aller Welt aus ihr geworden war. Sie hatte Bethlehem mit einem Ehemann und zwei Söhnen verlassen und kehrte nun mit einer jungen Frau zurück. Sie hatte drei geliebte Menschen verloren und gegen eine Fremde eingetauscht. Die zehn Jahre in Moab hatten ihr gesamtes Vermögen aufgebraucht.

Auf dem richtigen Feld gelandet

Kurz nachdem sie angekommen waren, begann Ruth, sich in die Gesellschaft einzubringen. Im Handumdrehen fing sie an, das Beste aus ihrer unglücklichen Situation zu machen. Sie fand sich demütig mit ihrer Armut ab und bat ihre Schwiegermutter bescheiden um die Erlaubnis, auf den Feldern Ähren zu sammeln. Wieder einmal sehen wir, mit welch liebevoller Hingabe Ruth für ihre Schwiegermutter sorgte.

Es ist, wie Augustinus sagte: „Wenn du groß werden möchtest, beginne damit, klein zu werden. Wenn du einen Turm bauen willst, der höher als die Wolken ist, dann lege zuerst das Fundament der Demut."

Die Prinzessin Ruth war sich nicht zu schade dafür, als Ährensammlerin zu arbeiten. Nach dem jüdischen Gesetz hatte sie als Fremde das Recht, auf den Feldern die übrig gebliebenen Ähren aufzulesen. Allem Anschein nach war es purer Zufall, dass sie auf dem Feld von Boas landete, einem reichen Verwandten ihrer Schwiegermutter. Doch in Wirklichkeit war es Gott selbst, der auf diese Weise für die fleißige junge Frau sorgte.

Gott lenkt die Schritte seiner Kinder. Und er schickt denen, die ihm vertrauen, immer wieder Überraschungen über den Weg.

Gott lenkt die Schritte seiner Kinder. Und er schickt denen, die ihm vertrauen, immer wieder Überraschungen über den Weg.

***

So wie Ruth sich in ihr Umfeld integrierte und feststellte, dass Gott ihre Schritte lenkte, beschloss auch ich, meinen Platz in der Gesellschaft einzunehmen, als wir in ein anderes Land zogen.

Ich hörte, dass eine junge Frau aus der Nachbarschaft krank war, und beschloss, sie zu besuchen. Ich kaufte ein hübsches Blumengesteck für sie und klingelte. Sie kam zur Tür und ich überreichte ihr die Blumen und wünschte ihr Gottes Segen und baldige Genesung. Ich wünschte, ich könnte den Ausdruck auf ihrem Gesicht beschreiben, als sie die Blumen sah – sie war schockiert. Ich hatte keine Ahnung, warum. *Vielleicht gefällt ihr die Farbe nicht*, dachte ich.

Am folgenden Tag ging ich mit einer Nachbarin an dem Blumengeschäft vorbei und zeigte ihr, was ich für die junge Frau gekauft hatte. „Oh, Elisabeth", sagte meine Nachbarin, „solche Gestecke verwendet man nur für den Friedhof, man legt sie an Allerheiligen auf die Gräber." Jetzt verstand ich, warum die Frau so schockiert gewesen war!

Ich lernte, dass ich „nach Hause kommen" kann an einen Ort, an dem ich nie gewesen bin. Ich kann Trost, Sicherheit und Geborgenheit finden, aber ich muss auch selbst etwas dafür tun: Ich muss mich von Herzen auf meine neue Umgebung einlassen, um gesegnet zu werden. So musste auch Ruth sich auf Bethlehem einlassen, selbst wenn die Stadt ihr anfänglich fremd war.

Ausgezeichnet in ihrem Feld

Weil Ruth sich in ihr neues Umfeld einbrachte, fand sie sofort Wohlwollen und Gunst. Die Pläne, die Gott für sie hatte, begannen, Wirklichkeit zu werden. Seine Segnungen wurden in ihrem Leben sichtbar.

Einer der wohlhabendsten Landbesitzer der Stadt, Boas, ein Verwandter von Noomi, erlaubte ihr, auf seinem Feld Ähren zu lesen. Alle kannten ihn. Sein Vater hieß Salmon, aber dessen Name wurde uns nur wegen seines Sohnes Boas überliefert. Seine Mutter Rahab hingegen war aus einem ganz anderen Grund berühmt. Richtig, die Mutter von Boas war Rahab, die Hure aus Jericho![4]

Da Boas ein gottesfürchtiger Mann war, der für die Armen sorgte, ging er zu seinen Erntearbeitern und sprach freundlich mit ihnen. Das trug ihm ihren Respekt ein. Als er Ruth begegnete, war er fasziniert von ihr. Er erkundigte sich nach ihr und erfuhr, welches Opfer sie für Noomi gebracht hatte und dass sie sich dem Gott Israels zugewandt hatte.

Das erinnert mich an die Geschichte, als mein Mann mich zum ersten Mal sah und seinen Freund fragte: „Wer ist dieses Mädel?" Die Antwort lautete: „Die kannst du vergessen. Sie ist mit ihrem Gott verheiratet!" Ditmar erwiderte: „Wir werden sehen."

Boas befahl seinen Erntearbeitern, absichtlich ein paar Ähren für Ruth fallen zu lassen. Er bat Ruth auch, ausschließlich auf seinem Feld zu sammeln und immer in der Nähe seiner Arbeiterinnen zu bleiben.

Überwältigt von seiner Freundlichkeit, rief Ruth aus: „Womit habe ich das verdient? Warum beachtest du mich, obwohl ich eine Ausländerin bin?"[5]

Boas antwortete sinngemäß: „Ich habe alles über dich gehört – wie du deine Schwiegermutter nach dem Tod ihres Mannes behandelt hast und dass du deine Eltern und deine Heimat verlassen hast, um hier inmitten von Fremden zu leben. Möge Gott dich reichlich belohnen für das, was du getan hast, und dich mit seinem Segen überschütten."

Und Ruth – würde sie seine Segnungen annehmen?

„Love is in the air ...“

„Als es Zeit zum Essen war, rief Boas Ruth zu sich. ,Komm hierher, und iss etwas Brot!‘, forderte er sie auf. ,Du kannst es auch in den Weinessig tunken.‘“[6]

Boas wollte Ruth in die Bethlehemer Gesellschaft einführen und begann mit seinen eigenen Arbeitern. Sehen Sie sich einmal genau an, wie er sie einbezog: „Komm zum Tisch. Nimm ein Stück Brot. Tunke es in den Wein.“

Erinnert Sie das an etwas? Richtig: Als Jesus mit seinen Jüngern das Passahfest feierte, lud er sie ein, Brot und Wein zu teilen, um Gemeinschaft miteinander zu haben. „Das Abendmahl halten“, nennen wir das heute.[7]

Das ist für uns alle der erste Schritt. Zum Tisch zu kommen. Beisammenzusitzen und unseren geistlichen Hunger einzugestehen. Durch das Brot und den Kelch stehen wir Nachfolger Jesu alle auf derselben Stufe. Wir sind weder reich noch arm, weder berühmt noch unbedeutend. Wir sind einfach nur Menschen. Sünder, die alle dasselbe brauchen – die Vergebung Gottes durch den Retter, der für uns alle gestorben ist.

***

Ruth ging nun jeden Tag auf das Feld von Boas, bis die Gerstenernte vorbei war. Ihre Freundschaft vertiefte sich von Tag zu Tag und wir dürfen sicher sein: Am Ende der Ernte waren Boas, der reiche Verwandte, und Ruth, die moabitische Ausländerin, ineinander verliebt.

Die Einwohner Bethlehems müssen geschmunzelt haben, als sie sahen, dass der begehrteste Junggeselle der Stadt sich in die Moabiterin verliebt hatte. Sie bewunderten Ruth ebenfalls und hatten sie wegen ihrer Freundlichkeit und Stärke ins Herz geschlossen.

Die aufrichtige Liebe zwischen einem großen Mann und einer guten Frau hat ihren Ursprung im Herzen Gottes. Das ist reine, wahre Liebe, die die Bibel so beschreibt: „Unüberwindlich wie der Tod, so ist die Liebe … Mächtige Fluten können sie nicht auslöschen, gewaltige Ströme sie nicht fortreißen. Böte einer seinen ganzen Besitz, um die Liebe zu kaufen, so würde man ihn nur verspotten."[8]

Ob Ruth zu hoffen wagte, dass sie diesen Mann eines Tages heiraten würde? Oder waren die gesellschaftlichen Unterschiede zu groß?

Ein Candle-Light-Dinner der besonderen Art

Als Ruth am Abend nach Hause kam, freute sich Noomi darüber, dass Boas so viel Interesse an ihrer Schwiegertochter gezeigt hatte, und dann begann sie, Pläne zu schmieden. Sie sagte: „Meine Tochter, ich möchte, dass du wieder einen Mann und ein Zuhause bekommst. Du weißt, dass Boas, mit dessen Leuten du auf dem Feld warst, mit uns verwandt ist.

Er arbeitet heute Abend auf der Tenne, um die Spreu von der Gerste zu trennen. Bade dich und trage Parfum auf. Zieh deine besten Kleider an und geh zur Tenne. Sieh zu, dass er dich nicht bemerkt, bevor er mit Essen und Trinken fertig ist. Pass gut auf, wo er sich hinlegt, und wenn er schläft, schlüpfe unter seine Decke und lege dich neben ihn. Er wird dir dann schon sagen, was du tun sollst."[9]

Aber Ruth war bereits in etwas gekleidet, das wertvoller war als jedes kostbare Gewand. Gott hatte ihr die „Kleider des Heils angezogen" und sie „mit dem Mantel der Gerechtigkeit gekleidet"[10]. Wenn Gott diese Sache nicht eingefädelt hätte, dann hätte Noomi ihrer Schwiegertochter sicher nicht einen solch gefährlichen Auftrag gegeben.

„Bade dich und trage Parfum auf. Zieh deine besten Kleider an."

Als es dunkel wurde, machte Ruth sich also auf den Weg. Im Mondlicht huschte sie zur Tenne. Als sie den Ort erreichte, an dem Boas schlief, legte sie sich zu seinen Füßen nieder, genau wie Noomi gesagt hatte. Es war ein seltsamer alter Brauch – aber eine Geste, die nicht missverstanden werden konnte.

***

Mitten in der Nacht wurde Boas plötzlich wach und setzte sich auf. Zu seiner Überraschung lag eine Frau zu seinen Füßen. Da er Ruth wegen der Dunkelheit – oder vielleicht, weil sie so anders gekleidet war – nicht erkannte, fragte er: „Wer bist du?"

Sie antwortete: „Ich bin Rut, deine Magd. Breite doch den Saum deines Gewandes über deine Magd, denn du bist Löser."[11] Mit diesen Worten wies sie ihn darauf hin, dass er nach israelischem Brauch das Recht hatte, sie zu heiraten, und bat ihn quasi darum, dies auch zu tun. Sie tat genau, was Noomi ihr gesagt hatte – abgesehen vom letzten Punkt. Noomi hatte Ruth angewiesen, sich demütig zu Boas' Füßen zu legen und darauf zu warten, dass er ihr sagte, was sie tun sollte. Aber als es so weit war, ergriff Ruth die Initiative und sagte Boas, was *er* tun sollte.

Ruth war nicht auf den Mund gefallen

Die Tatsache, dass Ruth plötzlich selbst die Initiative ergriff und ihren eigenen Willen zum Ausdruck brachte, wird niemandem entgehen, der die Geschichte aufmerksam liest. Obwohl sie eine Fremde war und nicht zum erwählten Bundesvolk gehörte, traf sie eine mutige Entscheidung und befreite sich aus der gesellschaftlichen Rolle, die ihr von ihren Mitmenschen zugedacht war – Schwiegertochter, Moabiterin, Ährensammlerin. Sie wurde selbst aktiv und sprach aus, was sie zu sagen hatte.

Boas antwortete: „Nun, sei unbesorgt! Ich werde tun, worum du mich gebeten hast. Jeder in der Stadt weiß, dass du eine tüchtige Frau bist. Doch da ist noch ein Punkt: Es stimmt zwar, dass ich ein Löser bin und dir helfen muss; aber es gibt noch einen zweiten, der den Vortritt hat, weil er näher verwandt ist als ich. Bleib die Nacht über hier! Morgen früh werde ich ihn vor die Wahl stellen, ob er der Verpflichtung nachkommen will oder nicht. Wenn nicht, werde ich es tun. Das verspreche ich dir, so gewiss der Herr lebt."[12]

Als Ruth am nächsten Morgen nach Hause kam, fragte ihre Schwiegermutter: „Wie ist es dir ergangen, meine Tochter?" Ruth erzählte ihr die ganze Geschichte und Noomi antwortete: „Bleib nun hier, meine Tochter, und warte ab, wie die Sache ausgeht. Der Mann wird nicht ruhen, bis er sie noch heute geordnet hat."[13]

„Warte ab" – das ist vielleicht die einfachste Definition dafür, was Glaube ist: still zu sitzen. Ruhig abzuwarten. Zu vertrauen, ohne sich den Kopf zu zerbrechen. Zu glauben, ohne Beweise zu fordern.

* * *

Nach jener Nacht, in der Ruth auf seine Tenne geschlichen war, hoffte Boas, dass diese einzigartige, wunderschöne Frau seine Ehefrau werden würde. Boas hatte den Abend mit einer der faszinierendsten Frauen Bethlehems verbracht, aber er verspürte das Verlangen zu schützen, was sie miteinander geteilt hatten. Als Mann von Charakter interessierte er sich mehr für die langfristige Perspektive – ihre gemeinsame Zukunft – als für den gegenwärtigen Moment.

Boas hatte den Abend mit einer der faszinierendsten Frauen Bethlehems verbracht, aber er verspürte das Verlangen, sie zu schützen.

51

Vielleicht denken Sie, es wäre schön, einen solchen Mann zu finden, der Ihnen selbstlose Liebe entgegenbringt. Seien Sie unbesorgt. Warten Sie auf Ihren Boas. Sie sind viel zu wertvoll, um sich dem Erstbesten an den Hals zu werfen.

Bevor Sie Ihr Herz verschenken, sollten Sie darauf achten, ob diejenigen, die behaupten, Sie zu lieben, wirklich Ihr Bestes wollen und auf welche Weise sie das unter Beweis stellen. Ermutigen sie Sie dazu, zu sich selbst zu stehen und so zu sein, wie Sie wirklich sind? Oder geht es ihnen im Grunde nur darum, Sie für ihre eigenen egoistischen Zwecke zu benutzen?

Unser Held tut den entscheidenden Schritt

Am nächsten Morgen ging Boas zum Versammlungsplatz am Stadttor und nahm dort Platz. Bald kam der andere Löser vorbei, jener nähere Verwandte, den er zuvor erwähnt hatte.

Boas forderte diesen auf, sich zu ihm zu setzen, was der Mann auch tat. Daraufhin holte Boas zehn Männer, die zu den Ältesten der Stadt gehörten, und bat sie: „Setzt euch hierher zu uns!"

Als sie Platz genommen hatten, erklärte er dem anderen Löser: „Du weißt, dass Noomi aus Moab zurückgekehrt ist. Sie möchte nun das Land verkaufen, das unserem Verwandten Elimelech gehört hat. Ich wollte dir das sagen und vorschlagen, den Landanteil Elimelechs in Gegenwart der hier sitzenden Männer und der Ältesten meines Volkes zu erwerben. Teile uns bitte mit, ob du deiner Verpflichtung nachkommen und von deinem Recht als Löser Gebrauch machen willst oder nicht. Ich muss wissen, woran ich bin, denn du bist als Erster an der Reihe und ich komme erst nach dir dran."

Der Mann antwortete: „In Ordnung, ich werde es erwerben."

Daraufhin erklärte Boas ihm: „Wenn du Noomi das Feld Elimelechs abkaufst, übernimmst du damit aber auch die Verpflichtung, die Moabiterin Ruth zu heiraten und anstelle ihres verstorbenen Mannes Kinder mit ihr zu zeugen. Denen wird später das Feld zufallen, damit der Name des Verstorbenen auf seinem Erbbesitz weiterlebt."

„Wenn das so ist, verzichte ich darauf", erklärte der andere. „Sonst schädige ich ja meinen eigenen Erbbesitz. Ich trete dir mein Recht als Löser ab."

Dann zog er seinen Schuh aus und gab ihn Boas. Mit diesem Zeichen wurden früher in Israel offizielle Geschäftsabschlüsse bestätigt.[14]

Das war Boas' Augenblick, das war sein Tag, um den Schauplatz der Geschichte zu betreten und durch eine einzige mutige öffentliche Erklärung die Menschheitsgeschichte zu verändern. (Für Mister Unbekannt sah die Sache hingegen anders aus. Stellen Sie sich vor, wie er von dannen humpelte, weil er nur noch einen Schuh anhatte und den anderen für immer los war.)

Ruth folgte ihrem Herzen

Es kam genau so, wie Noomi gesagt hatte: „Der Mann wird nicht ruhen, bis er die Angelegenheit geregelt hat." Und er regelte sie. Ruth wurde aus der Anonymität geholt und in den Status der Ehefrau des einflussreichen, wohlhabenden Boas erhoben. Diese Geschichte ist eines der ersten Beispiele der Weltgeschichte, wie jemand von Lumpen zu Reichtum, von Armut zu Fülle gelangte.

Im Laufe dieser Entwicklung traf Ruth Entscheidungen, die riskant oder gar verrückt zu sein schienen. Dennoch verlor sie nie ihre Integrität. Sie folgte ihrem Herzen und vertraute Schritt für Schritt auf Gottes Führung. Angefangen von ihrer Entscheidung, mit Noomi in die Fremde zu gehen, bis hin zu dem mutigen Heiratsantrag, den sie Boas machte, setzte Ruth sich über alles hinweg, was Konvention, Tradition oder andere Umstände ihr vorschrieben. Ihr Mut, ihre Kraft und ihre Ausdauer befähigten sie dazu, ihren eigenen Weg zu gehen und sich ein Leben aufzubauen, das seinesgleichen sucht. So konnte sie all die Segnungen empfangen, die Gott für sie geplant hatte, und erlebte in vollem Umfang, was es bedeutet, ein Meisterwerk Gottes zu sein.

Vielleicht denken Sie jetzt: *Na, schön für Ruth, sie hat halt Glück gehabt.* Aber es geht in dieser Geschichte nicht um sie – nicht wirklich. Es geht um unseren wunderbaren Gott, der die Macht hat, unser Leben, unsere Umstände, unser Herz zu

Gott hat Ruths Welt auf den Kopf gestellt. Und er kann definitiv auch die Ihre auf den Kopf stellen.

verändern. Dunkelheit in Licht zu verwandeln. Das Verlorene zu retten. Das Verirrte wiederzufinden. Zum Leben zu erwecken, was tot und begraben war.

Ruth wird es Ihnen sagen: Gott hat ihre Welt auf den Kopf gestellt. Und er kann definitiv auch die Ihre auf den Kopf stellen.

***

Wenn Sie jetzt denken: *Ich will auch so jemanden wie Boas in meinem Leben haben!*, dann ist das genau das, was Gott mit dem Buch Ruth beabsichtigt. Er zeigt uns all das, was unser Erlöser tun kann. Strecken Sie sich nach diesem Schutz, nach dieser Fürsorge aus, die nur Gott Ihnen bieten kann. Selbst Boas, ein echter Profi in Sachen Erlösung und Wiederherstellung, kann uns nur eine schwache Ahnung davon vermitteln, wie sehr unser himmlischer Vater sich danach sehnt, uns durch Jesus zu heilen und wiederherzustellen. Er ist unser „Löser", der gekommen ist, um uns von aller Schuld zu befreien und zu Kindern Gottes zu machen.

***

„So nahm Boas Ruth zur Frau."[15] Werfen Sie Reiskörner und schicken Sie das glückliche Paar auf Hochzeitsreise!

Nachdem der Pastor an unserem Hochzeitstag im Jahr 1972 verkündet hatte: „Hiermit erkläre ich euch zu Mann und

Frau", schritten wir den Gang hinunter, und die breite, zwei-
flüglige Kirchentür öffnete sich. Plötzlich ergoss sich ein Re-
gen aus Reiskörnern über unsere Köpfe. Dann stiegen wir ins
Auto und fuhren davon...

Sie hatte nicht nur Charme, sondern auch Charakter

Der Name „Ruth" hat eine besondere Bedeutung – er bedeutet
„Freundin" oder „Sehenswerte". Beide Wortbedeutungen treffen auf Ruth zu, denn als hübsche moabitische Prinzessin war
sie bestimmt ein „sehenswerter" Anblick. Erinnern Sie sich
daran, wie fasziniert Boas von ihr war, als sie auf seinen
Feldern die hinuntergefallenen Ähren einsam-
melte? Aber Ruth war auch wegen ihres starken
Charakters eine „sehenswerte" Persönlichkeit.
In dieser biblischen Erzählung wird mehr-
fach erwähnt, dass der Ruhm ihres freund-
lichen Wesens und ihrer Stärke ihr voraus-
eilte, und wir wissen, dass sie die seelische
Kraft besaß, der verbitterten Noomi eine treue
Freundin zu sein.

Wir wissen, dass Ruth die seelische Kraft besaß, der verbitterten Noomi eine treue Freundin zu sein.

In einer Zeit wie der unseren, die geprägt ist von einer
ständig wachsenden Anzahl von angespannten Beziehungen,
zerbrochenen Familien und Menschen, die ohne Liebe leben
müssen, ist es äußerst erfrischend, dieses kurze und doch so
tiefgründige Buch Ruth zu lesen. Der familiäre Hintergrund,
vor dem sich die Geschichte abspielt, war sicher keine ideale
Voraussetzung für die Freundschaft dieser beiden Frauen.

Dennoch sind die Großzügigkeit und Liebesfähigkeit, mit denen Ruth gesegnet war, so überwältigend, dass sie über Noomis tiefen Schmerz und Kummer triumphierten. Die Kraft von Ruths Freundschaft trug dazu bei, Noomis Bitterkeit in Milde zu verwandeln.

***

Als ich als junge Schwiegertochter zu meiner neuen Familie kam, durchlebte diese gerade eine „bittersüße" Zeit. Sie war süß, weil ihr ältester Sohn die große Liebe seines Lebens geheiratet hatte. Zugleich durchlebte die Familie eine Trauerphase, weil meine Schwiegermutter gerade sowohl ihre eigene Mutter als auch ihre Schwester verloren hatte. Für meine Schwiegermutter war eine Welt zusammengebrochen. Sie hatte mit so etwas einfach nicht gerechnet. Was soll man tun, wenn das Leben nicht so verläuft, wie man es erwartet hat?

Als Ruth eine herausfordernde Zeit durchlebte, traf sie eine Entscheidung für Gott. Wenn wir beschließen, ihn zum Herrn unseres Lebens zu machen, tun wir es in dem Bewusstsein, dass nicht alle unsere Tage einfach sein werden, dass sie jedoch alle einem bestimmten Zweck dienen werden.

Ruth konnte damals nicht ahnen, dass der Tod ihres Ehemannes der Beginn ihres neuen Lebens sein würde. Und ebenso wenig sollten wir die Tatsache aus den Augen verlieren, dass unsere Schwierigkeiten nur von vorübergehender Dauer sind. Nachdem wir alles verloren haben, sollten wir uns wieder und wieder erinnern: Was auch immer wir vermissen – Gott haben wir nicht verloren.

Während meine Schwiegermutter um ihre Lieben trauerte, war es nicht immer leicht, ihr Handeln zu verstehen. Als ich mir damals die beständige Treue und Freundlichkeit vor Augen hielt, mit der Ruth Noomi behandelt hatte, half mir das dabei, meiner Schwiegermutter mit Liebe zu begegnen. Ich betete oft: „Herr, schenk mir diese Liebe. ‚Mögen die Worte, die ich spreche, und die Gedanken, die mein Herz ersinnt, dir gefallen, Herr, mein Fels und mein Erlöser!‘[16]" Oft müssen wir die Entscheidung treffen zu lieben; die entsprechenden Gefühle werden vielleicht erst später folgen. Im Fall meiner Schwiegermutter und mir wuchsen unser gegenseitiges Vertrauen und unser Zusammengehörigkeitsgefühl dadurch, dass wir viel Zeit miteinander in der Küche verbrachten und uns gegenseitig unsere Lebensgeschichten erzählten.

Nachdem wir alles verloren haben, sollten wir uns wieder und wieder erinnern: Was auch immer wir vermissen – Gott haben wir nicht verloren.

Freunde sind die Rosinen im Kuchen unseres Lebens
Verbindlichkeit ist die Grundlage jeder Beziehung, sei sie nun irdischer oder himmlischer Natur. Das Buch Ruth überträgt das himmlische Prinzip der Bundestreue auf das alltägliche irdische Leben. Ruth bindet sich an Noomi und verspricht,

ihr unter allen Umständen und in jeder Situation die Treue zu halten.[17]

Ich frage mich oft, was Ruth zu dieser Entscheidung bewog. Es ist nicht so, dass sie sich Noomi verpflichtet fühlte, die hatte sie bereits von dieser Verpflichtung entbunden. Ruths Entscheidung entsprang einem reinen, großzügigen Herzen, das von Liebe zu ihrer Schwiegermutter erfüllt war.

Tiefe, echte Freundschaften habe ich in meinem Leben immer als besondere Segnungen Gottes empfunden. Gute Freunde begegnen uns mit Liebe, Ermutigung, Treue, Aufrichtigkeit, Verständnis und noch vielen anderen Gaben, die eine verwandte Seele anzubieten hat. Unsere Freundschaften sind für uns eine Quelle der Freude. Vielleicht haben Sie schon einmal das Sprichwort gehört: „Freunde sind die Rosinen im Kuchen unseres Lebens." Freundschaften zwischen Glaubensschwestern sind besonders wohltuend und doppelt gesegnet. Ich habe im Laufe meines Lebens einige solcher wunderbaren Freundinnen gefunden.

Ein guter Freund hat viel Ähnlichkeit mit … Jesus, der seinen Mitmenschen der beste Freund war, den man sich vorstellen kann. Er war (und ist) mitfühlend, verständnisvoll, ermutigend, geduldig, loyal und liebevoll.

Wenn wir anderen eine gute Freundin sein wollen, müssen wir nur eines tun: versuchen, dem Vorbild von Jesus zu folgen und die göttlichen Eigenschaften „anzuziehen", die Paulus in seinem Brief an die Kolosser aufzählt.[18] Das ist die ultimative Beschreibung dessen, was einen guten Freund ausmacht.

Gott weiß, wo Sie sind, auch wenn Sie selbst es nicht wissen
In Ruths bekannter Erklärung (Ruth 1,16–17) legte sie sieben
Versprechen ab. An meinem Hochzeitstag tat ich dasselbe. Ich
versprach Ditmar:

Ich werde dich nie verlassen oder im Stich lassen.
Ich werde nie aufhören, dir zu folgen.
Wo du hingehst, werde auch ich hingehen.
Wo du wohnst, werde auch ich wohnen.
Dein Volk soll mein Volk sein.
Dein Gott soll mein Gott sein.
Wo du stirbst, werde auch ich sterben.

Zum Beispiel habe ich mein Versprechen gehalten, dorthin
zu gehen, wo mein Mann hingegangen ist. Als ich es ablegte,
wusste ich nicht, dass auf unseren ersten Umzug aus Vancouver noch viele weitere folgen würden! Wir tauschten ein ge-
pflegtes, geräumiges Heim gegen ein winziges, herunterge-
kommenes Apartment ein. Und wir zogen nicht nur von einer
Stadt zur nächsten, sondern auch von einem Land und einem
Kontinent zum anderen: Wir lebten in Vancouver, Los Ange-
les, Chicago, Frankfurt – und in den letzten 27 Jahren in Berghausen.

Obwohl ich davon überzeugt war, dass Gott Ditmar und
mich an einen anderen Ort führte, weil er dort eine bestimmte
Aufgabe für uns hatte, war es nicht leicht, Vancouver, eine der
schönsten Städte der Welt, gegen den Smog und das Verkehrs-

chaos von Südkalifornien einzutauschen. Ich verließ einen Ort, an dem ich mich wohlfühlte, und kam an einen Ort, an dem ich mich ständig verloren fühlte – vor allem auf der Autobahn. Und dennoch verliebte ich mich erstaunlich schnell in den beständigen Sonnenschein, die Wärme und die Menschen, denen wir dort begegneten.

> ～
> *Ich verließ einen Ort, an dem ich mich wohlfühlte, und kam an einen Ort, an dem ich mich ständig verloren fühlte – vor allem auf der Autobahn.*
> ～

Nach vier Jahren brachen wir wieder auf – diesmal flogen wir quer durch die Vereinigten Staaten nach Chicago, weil wir dort in einer Gemeinde eine neue Stelle angenommen hatten. Als wir im Landeanflug waren, schaute ich auf den O'Hare-Flughafen hinunter und sagte: „Honey, da gibt es gar keine Berge und kein Meer. Ob es uns dort gefallen wird?"

Und wieder war ich trotz meiner Zweifel erstaunt, dass ich mich nach einer kurzen Eingewöhnungszeit an mein neues Umfeld gewöhnte und die Kultur des warmherzigen Mittleren Westens zu lieben begann. Wir knüpften wunderbare Freundschaften und spürten deutlich, wie Gott für uns sorgte.

Weitere vier Jahre später saßen wir in einem anderen Flugzeug. Diesmal flogen wir mit Sack und Pack nach Frankfurt. Würde ich mich daran gewöhnen können, jeden Morgen die Stufen vor meiner Haustür zu wischen – das würden die deutschen Frauen jedenfalls tun, hatte man mir gesagt.

Ich kam nach Hause – an einen Ort,
an dem ich nie zuvor gewesen war

Ortswechsel sind im Leben etwas völlig Normales – vom Bekannten zum Unbekannten, vom Vertrauten zum Fremden. Solche Übergangszeiten sind aber selten einfach.

Doch Ruth erinnerte mich daran, Selbstaufopferung über Selbsterhaltung zu stellen. Als Selbsterhaltung der sichere Weg gewesen wäre, entschied sich Ruth für Selbstaufopferung.

Ich habe meinen Mann oft gefragt: „Wann kommen wir da an, wo auch immer wir hingehen?"

Sie wurde von dem Verlangen motiviert, das Richtige zu tun, ob es zu ihrem Vorteil war oder nicht. Was auch immer der Grund dafür war – Ruth stellte ihre eigenen Vorlieben, ihre eigene Bequemlichkeit und ihre eigenen Hoffnungen für die Zukunft hintan. Sie konnte nicht erwarten, dass ihr Verhalten ihr selbst irgendetwas nutzen würde. Dennoch verpflichtete sie sich dazu, sich um Noomi zu kümmern.

Auch ich war entschlossen, Gott zu folgen, wo er uns hinführte. Nur bat ich ihn: „Bitte gib auf mich acht!"

Ob Ruth Noomi wohl unterwegs gefragt hat: „Wann kommen wir in Bethlehem an? Wie weit ist es noch?"? Ich habe meinen Mann auf jeden Fall oft gefragt: „Wann kommen wir da an, wo auch immer wir hingehen?"

Schließlich kamen wir an und jetzt sind wir hier. Wenn Sie mich fragen würden, ob ich mich zu Hause fühle, würde ich antworten: „Ja, die meiste Zeit." Ich gebe zu, wenn ich sonntagnachmittags andere Familien spazieren gehen sehe, gibt mir das manchmal einen Stich, weil ich meine Familie so vermisse.

Doch ich war selbst überrascht, als ich 1994 sehr krank war und die Ärzte mir nicht viel Hoffnung machten. In dieser Situation sagte ich zu Ditmar: „Falls ich wirklich schon sterben sollte, dann möchte ich in Berghausen beerdigt werden." Wir hatten an so vielen Orten gelebt, dass ich nicht so recht wusste, wo ich eigentlich zu Hause war. „Hier ist im Moment unsere Wahlheimat", fuhr ich fort, „und ich habe dieses Land sehr lieben gelernt."

Unser Zuhause ist kein Haus und keine Wohnung. Es ist auch nicht die Stadt oder das Wohnviertel, in dem Sie aufgewachsen sind. Das Zuhause, von dem ich spreche, und das Zuhause, nach dem wir suchen, ist der Ort, an dem die Dinge, auf die es wirklich ankommt, an erster Stelle stehen. Wenn Sie diesen Ort erreichen, werden Sie sich zu Hause fühlen. Richten Sie Ihren inneren Kompass an den Werten „Familie", „Freunde", „Charakterstärke" und „Gott" aus. Dann werden Sie diesen Ort finden.

Ruth war bereit, alles zu riskieren, um ihr wahres Zuhause zu finden und ein Gefühl der Zugehörigkeit zu erleben.

Ruth war bereit, alles zu riskieren, um ihr wahres Zuhause zu finden und ein Gefühl der Zugehörigkeit zu erleben, das sie bis dahin nicht gekannt hatte. Könnte ihre Sehnsucht dadurch geweckt worden sein, dass Ruth durch ihren ersten Ehemann Bekanntschaft mit dem Gott Israels gemacht hatte?

Was wir als unser gegenwärtiges Zuhause betrachten und wie wir uns dort verhalten, kann ein Indiz dafür sein, wo unser ewiges Zuhause sein wird. Die Ewigkeit bietet uns nur zwei mögliche Adressen an: eine gute und eine schlechte – den Himmel oder die Hölle. Wo wir die Ewigkeit verbringen, hängt von den Entscheidungen ab, die wir hier auf Erden treffen.

Ruth folgte treu der einmal eingeschlagenen Richtung, obwohl sie nicht wusste, wohin ihr Weg sie führen würde. Wenn wir anfangen, Gottes Weg zu gehen, auch wenn wir nicht sehen können, wohin der Vater uns führt, wird er uns leiten. Wenn wir jedoch tatenlos herumsitzen und unsere Möglichkeiten abwägen, bis alles einen klaren Sinn ergibt, werden wir Gottes Weg niemals entdecken.

Außergewöhnliche Freundschaft

Die Geschichte von Ruth zeigt, dass ein königliches Erbe manchmal das Ergebnis einer außergewöhnlichen Freundschaft ist. Diese scheinbar unbedeutende Verbindung zweier Frauen und eine göttliche Begegnung auf einem Gerstenfeld in Bethlehem waren der Weg, auf dem Gott sowohl König David als auch den Messias, Jesus, in diese Welt brachte.

Rein äußerlich betrachtet kümmerten sich Ruth und Noomi einfach um ihre eigenen Angelegenheiten und fühlten sich wahrscheinlich in keiner Weise außergewöhnlich. Und doch hatten ihre alltäglichen, scheinbar belanglosen Entscheidungen weitreichende Folgen.

***

Als Frauen des Glaubens ist uns bewusst, dass nichts im Leben zufällig passiert und dass Gott die Kontrolle über unsere Lebensumstände hat – ob wir nun jemanden verlieren, umziehen, Freunde finden oder Gerstenfelder abernten.

Ich staune immer wieder darüber, wie Gott die Geschichte der Menschheit in die Freundschaft zwischen Noomi und Ruth hineingewoben und dadurch sogar die Geburt eines zukünftigen Königs und die Gründung eines Königreiches ermöglicht hat.

Ich staune immer wieder darüber, wie Gott die Geschichte der Menschheit in die Freundschaft zwischen Noomi und Ruth hineingewoben und dadurch sogar die Geburt eines zukünftigen Königs und die Gründung eines Königreiches ermöglicht hat.

„Ein guter Ruf ist wertvoller als großer Reichtum", schreibt Salomo, „und beliebt sein ist besser, als Silber und Gold zu besitzen."[19]

Auf Ruth traf das zu und so findet sich ihr Name im königlichen Stammbaum von Jesus wieder.[20] George Matterson fasste dies mit den wunderbaren Worten zusammen: „In der Seele Jesu erklingen von Neuem die Hochzeitsglocken von Ruth und Boas. Hier treffen Moab und Israel noch einmal aufeinander. Im Herzen des Menschensohnes stehen die Heiden Seite an Seite mit den Juden, vereint als Kinder ihres gemeinsamen himmlischen Vaters."[21]

Was tragen Sie beim Hochzeitsmahl?

Es gibt wenige Lebensgeschichten – weder aus dem weltlichen noch aus dem christlichen Bereich –, die sich mit der schlichten, zarten Schönheit der Geschichte Ruths vergleichen ließen, der jungen Witwe aus Moab.

Es gibt unter den 66 Büchern der Bibel nur zwei, die nach einer Frau benannt wurden. Das eine ist das Buch Ruth, das andere das Buch Esther – und beide haben ihre Leser über Jahrhunderte hinweg inspiriert.

Auch die Juden schenken beiden Büchern besondere Beachtung. Zum Purimfest lesen sie das Buch Esther und zum Pfingstfest das Buch Ruth. Der Sinn des Pfingstfestes (auch Wochen- oder Erntefest genannt) bestand darin, Gott die Erstlingsfrüchte der Weizenernte zu weihen. Das wichtigste Merkmal dieses in mehrerer Hinsicht bedeutsamen Ereignisses ist sicherlich, dass es sich dabei um die Geburtsstunde der Gemeinde Jesu Christi handelt.

Bei diesem großen Fest, das uns erwartet, werde ich wieder ein weißes Kleid tragen.

Ruth war eine Heidin, Boas ein Hebräer. Boas gewann Ruths Besitz zurück und wurde ihr Ehemann. Alle haben gesündigt, Juden wie Heiden, aber Jesus ist für alle gestorben, und seine Gemeinde besteht aus von Neuem geborenen Juden und Heiden, die gemeinsam die Braut Jesu sind. Darum sind die Hochzeitsglocken, die für Ruth in Bethlehem geläutet wurden, dieselben Glocken, die einmal beim „Hochzeitsmahl des Lammes"[22] läuten werden.

Bei diesem Fest werde ich wieder ein wunderschönes weißes Kleid tragen. Und nicht nur das, es wird ein Kleid sein, das im Blut Jesu gewaschen wurde. Wie meine Freundin Joni es so schön formuliert hat:

Denn als Christi Braut werd ich gehn,
erlöst an seiner Seite stehn.
„Tanzen wir?", fragt sein Blick.
Und im endlosen Glück
spür ich alle Tränen verwehn.[23]

Barrieren können Brücken werden

Wenn Ruth nicht bereit gewesen wäre, Noomi zurück nach Bethlehem zu begleiten, hätte sie niemals dort auf dem Feld Ähren gesammelt. Wenn sie nicht dort auf dem Feld gewesen wäre und die heruntergefallenen Ähren aufgelesen hätte, hätte Boas sie niemals bemerkt. Wenn sie Noomis Rat nicht gefolgt wäre, wäre sie nicht die Mutter von Obed, die Großmutter von Isai und die Urgroßmutter von David geworden. Wir dürfen mit Recht behaupten, dass sie eine entscheidende Rolle im Stammbaum Jesu spielt. Es passiert leicht, dass wir einfach in den Tag hineinleben und dabei nie an den Punkt kommen, an dem wir die Dinge vom himmlischen Blickwinkel aus betrachten. Aber in Ruths Geschichte sehen wir, dass vermeintliche Barrieren zu Brücken wurden.

Dass Ruth von Moab nach Bethlehem kam, war die Voraussetzung dafür, dass Christus nach Bethlehem kommen konnte.

Wenn das, was Ruth erlebt hat, nicht aufgeschrieben worden wäre, wüssten wir heute nicht, wie wunderbar Gott diese Frau geführt und ihre Lebensumstände gelenkt hat. Nichts entgeht seiner Aufmerksamkeit – weder in Ruths Leben noch in Ihrem oder meinem. Gott nimmt die kleinen, scheinbar unbedeutenden Einzelheiten und sogar das, was Fehler oder Irrwege zu sein scheinen, und fügt sie zu einem Gesamtbild zusammen, das seine Herrlichkeit widerspiegelt.

Gott kann unsere Wunden in Wunder verwandeln und unseren Schmerz in Sinn.

Es ist offensichtlich, warum Ruth über die Jahrhunderte hinweg als Vorbild für eine Frau nach Gottes Herzen galt und immer noch gilt. Sie hatte Mut, Glauben, Entschlossenheit, Hoffnung, Gerechtigkeit und aufopferungsvolle Liebe. Sie besitzt alle Eigenschaften, die eine Frau Gottes braucht, um ihr Leben zu meistern. Ich hoffe, dass Sie nun, da wir zum Ende der Geschichte kommen, gemeinsam mit Ruth sagen können: „Du, o Herr, bist mein Gott, und ich will dir folgen, wohin du mich auch führst."

***

Durch Ihre Entscheidung, Gott zu vertrauen, hinterlassen Sie Ihrer Familie ein Erbe. So wie Ruth erfahren Sie vielleicht nie, welche weitreichenden Folgen diese Entscheidung haben wird. Aber Ruths Geschichte kann Sie daran erinnern, dass es nicht darum geht, wie Sie anfangen, sondern darum, wie

Sie Ihr Leben beschließen. Es geht darum, dass Sie fest darauf vertrauen, dass Gott einen guten Plan für Sie hat und Ihrem Leben Sinn verleiht.

Wer hätte gedacht, dass die beiden zerbrochenen Frauen, denen wir zu Beginn der Geschichte begegnet sind, beide wieder Freude und Erfüllung finden würden? Ihre Vergangenheit unterscheidet sich voneinander, aber sie haben ähnliche Verletzungen erlitten und sind mit ähnlichen Schwierigkeiten konfrontiert worden. Ihre enge Verbindung zueinander und ihr Vertrauen zu Gott befähigten sie dazu, miteinander den Weg in eine bessere Zukunft zu finden und die Wunden der Vergangenheit hinter sich zu lassen.

Unsere Lebensgeschichte ist vielleicht anders als die von Ruth, aber wie bei ihr muss unsere Geschichte nicht dort enden, wo unsere Verletzungen begannen. Gott kann unsere Wunden in Wunder verwandeln und unseren Schmerz in Sinn. Vielleicht erfahren Sie dies einmal selbst – vielleicht offenbart sich dieser Sinn aber auch im Leben eines anderen Menschen. Aber Gott sieht Sie, er hört Sie, er kennt Sie und liebt Sie voller Zärtlichkeit und Hingabe. Er wird Sie niemals im Stich lassen.

Nachdem wir nun über Ruth gesprochen haben, wartet Noomi schon gespannt auf uns. Sie möchte uns von einigen schmerzhaften Umwegen erzählen, die sie in ihrem Leben gegangen ist, aber auch von der Freude, mit der Gott sie überrascht hat.

Kapitel 3

Noomi: Der Weg nach Hause

*Wie Gottes Liebe die Scherben ihres zerbrochenen Lebens
wieder zusammensetzt*

Sind Sie jemals an einem Ort angekommen und mussten dann feststellen, dass Sie da eigentlich gar nicht hinwollten? Vielleicht sind Sie einer vagen Wegbeschreibung gefolgt und an einen Ort gelangt, an dem Sie dann nichts als Probleme hatten. Hatten Sie jemals das Gefühl, die Orientierung verloren zu haben? Sie wussten zwar, wo Sie sich auf der Landkarte befanden, hatten aber doch das Gefühl, sich verirrt zu haben. Sie waren offensichtlich irgendwo falsch abgebogen und hier gelandet … wo auch immer *hier* sein mochte.

Genau das Gleiche ist Noomi und auch mir selbst passiert.

Vielleicht sagen Sie: „Ich habe nicht die geografische Orientierung verloren, aber die emotionale. Man sagt ja, zu Hause ist da, wo das Herz ist."

Von Hungersnot im Land zur Hungersnot der Seele

Noomi hatte das Glück, dass ihr Mann ertragreiche Felder in der Umgebung von Bethlehem geerbt hatte. Seit Menschengedenken war das üppig bewachsene Tal, das sich von der Stadt Richtung Norden, Süden und Osten hin erstreckte, überaus fruchtbar gewesen. Bethlehem, was wörtlich übersetzt „Brothaus" heißt, war tatsächlich eine Stadt, die sich über weit ausgedehnten Kornfeldern erhob.

Doch es geschah, womit niemand gerechnet hatte: Es kam zu einer Hungersnot im Land und überall herrschten Armut und Mangel. Der Verfasser des Buches Ruth liefert den Hintergrund für unsere Geschichte:

„Es war die Zeit, als das Volk Israel noch von Richtern geführt wurde. Weil im Land eine Hungersnot herrschte, verließ ein Mann aus Betlehem im Gebiet von Juda seine Heimatstadt und suchte mit seiner Frau und seinen zwei Söhnen Zuflucht im Land Moab."[1]

Also brachen Noomi und ihre Familie auf der Suche nach einem besseren Leben in ein anderes Land auf.

Mir ist es einmal ähnlich ergangen. Als Teenager wurde ich von einigen Freunden eingeladen, mit ihnen aus unserem kommunistischen Land in den „freien" Westen zu fliehen, um dort unsere Träume zu verwirklichen. Wir verließen unsere „Hungersnot" in der Hoffnung auf ein besseres Leben in unserem „Moab".

Es war keine leichte Reise für uns, als wir im Herbst die Alpen überquerten, aber wir schafften es. Als wir die Grenze

74

erreichten, sah ich ein Schild, auf dem stand: „Willkommen in Österreich!"

Welch eine freundliche Begrüßung für mich, die ich gerade aus einem kommunistischen Land geflohen war! Als ich meinen Blick über die Berge schweifen ließ und voller Staunen das Land vor mir betrachtete, dachte ich: *Hier ist die Freiheit zu Hause. Dies ist das Land der unbegrenzten Möglichkeiten. Hier werde ich meine Träume verfolgen!*

***

Noomi und ihr Mann Elimelech ließen die Hungersnot hinter sich, um in Moab ein neues Leben zu beginnen. Sie stammten aus einer Kultur, in der die Menschen seit Jahrhunderten an Gott glaubten und darauf vertrauten, dass er sie versorgte – auch in einer Hungersnot oder in der Wüste. Dennoch: Der Hunger kann einen Menschen dazu verleiten, die Dinge selbst in die Hand zu nehmen. Also zogen sie los, um Nahrung zu suchen, und bogen auf ihrem Weg ein paarmal falsch ab. Auf ihrer Reise kamen sie so am Toten Meer vorbei, das mit 428 Metern unter dem Meeresspiegel der tiefste Punkt der Erde ist.

Meinen persönlichen Tiefpunkt erlebte ich am Tag unserer Ankunft im „Land der Freiheit". Nur wenige Stunden nachdem wir die Grenze überquert hatten, war ich gefangen wie ein Vogel in einem Käfig. Ich konnte

Also zogen sie los, um Nahrung zu suchen, und bogen auf ihrem Weg ein paarmal falsch ab.

mich nicht befreien. Mein Fluchthelfer missbrauchte mein Vertrauen, und mir geschah das Schlimmste, was man sich als junges Mädchen vorstellen kann – ich wurde vergewaltigt. Welcher Schock, welche Schande, welche Scham. Mein Traum von einem neuen Leben wurde zu einem Albtraum, der mir noch jahrelang zu schaffen machen sollte. Das war mein persönliches Totes Meer.

***

Aber ich habe gute Nachrichten für Sie: Es gibt Hoffnung für diejenigen unter uns, die an ihrem persönlichen Toten Meer angelangt sind. Ob wir nun dort hingekommen sind, weil wir selbst falsche Entscheidungen getroffen haben oder weil andere uns durch ihre falschen Entscheidungen Schaden zugefügt haben – wir werden nicht ertrinken!

1970 hatte ich das Vorrecht, einen Monat in Israel zu verbringen. Am Ende unseres Aufenthalts fuhren wir zum Toten Meer. Unser Reiseführer forderte uns auf, „schwimmen" zu gehen. Ich zögerte, weil ich nicht schwimmen konnte, aber da ich nicht allein am Ufer stehen bleiben wollte, sagte ich das den anderen nicht. Stattdessen nahm ich all meinen Mut zusammen und lief den weißen, salzverkrusteten „Strand" hinunter ins Wasser. Und es war egal, ob ich schwimmen konnte oder nicht! Das Tote Meer ist so reich an Mineralien und Salz, dass man darin gar nicht untergehen kann. Man treibt einfach auf dem Wasser. Es ist wahr, dass man im Toten Meer nicht ertrinken kann.

Einer der Ersten, der diese Tatsache offiziell bestätigte, war der römische Feldherr Vespasian. Der skrupellose Mann, der 70 n. Chr. die Zerstörung Jerusalems anführte, hatte Gerüchte über die wundersame Auftriebskraft des Wassers im Toten Meer gehört und wollte den Wahrheitsgehalt dieser Berichte überprüfen. Daher befahl er seinen Männern, einige Sklaven an Händen und Füßen zu fesseln und ins Meer zu werfen. Aber zur großen Erleichterung der Sklaven erwiesen sich die Gerüchte als wahr. Anstatt zu ertrinken, wurden sie von dem mineralhaltigen Wasser an der Oberfläche gehalten und überlebten!

Diese Geschichte ist für mich ein Sinnbild der Gnade Gottes. So wie die Mineralstoffe im Toten Meer den Badenden umgeben, sind wir immer und überall von der Gnade Gottes umgeben – auch an den Tiefpunkten unseres Lebens. Ganz gleich, wie tief wir sinken mögen, und unabhängig davon, ob dies durch unsere eigenen Entscheidungen oder das Zutun anderer geschieht – Gott lässt nicht zu, dass wir ertrinken. Seine Gnade ist immer da. Sie ist die Auftriebskraft, die uns an der Oberfläche hält.

***

Oft verwandelt Gott unsere Tiefpunkt-Erlebnisse sogar in überaus positive Erfahrungen. Aus dem Toten Meer werden Mineralien abgebaut. Es hat sich nämlich herausgestellt, dass diese eine heilende Wirkung haben. Darum werden sie in medizinischen und kosmetischen Produkten verwendet, mit deren Hilfe die Haut jünger aussieht und sich auch so anfühlt. Außerdem wird aus dem Toten Meer Kalisalz gewonnen – ein wirksames Düngemittel. Ich habe in einem Lexikon gelesen, dass das Tote Meer genug Kalisalz enthält, um den weltweiten Bedarf an Dünger für die nächsten 2000 Jahre zu decken!

Wenn wir auf unseren Um- und Abwegen in Versuchung geraten zu verzweifeln, dann sollten wir diese wertvolle Wahrheit nicht vergessen: Gottes Gnade hört niemals auf! Machen Sie gerade eine Totes-Meer-Erfahrung? Das muss nicht unbedingt eine Vergewaltigung sein wie in meinem Fall. Vielleicht handelt es sich um eine Scheidung, eine Depression oder um berufliche oder finanzielle Schwierigkeiten. Fassen Sie Mut: Gottes Gnade und Barmherzigkeit werden Sie wie die Mineralien im Toten Meer an der Oberfläche halten. Auch wenn es sich manchmal nicht so anfühlt – Sie sind in guten Händen!

Fassen Sie Mut: Gottes Gnade und Barmherzigkeit werden Sie wie die Mineralien im Toten Meer an der Oberfläche halten.

Noomi muss ihre Träume begraben

Nicht lange nachdem Noomis Familie nach Moab gekommen war, starb Elimelech. Die Frau, die einst von einem wohlhabenden und geachteten Mann versorgt und beschützt worden war, war nun Witwe geworden. Als wäre die Hungersnot noch nicht schlimm genug gewesen, mussten sie und ihre Söhne Machlon und Kiljon nun lernen, ohne ihren Ehemann und Vater zu leben. Die Söhne fanden beide moabitische Ehefrauen, und Ruth und Orpa waren Noomi bestimmt ein Trost und eine Hilfe. Aber nach wenigen Jahren starben auch Machlon und Kiljon. Noomi hatte ihren Mann und ihre Söhne in einem fremden Land verloren. Sie war am Boden zerstört.

Auch wenn Noomi sich dessen vielleicht nicht bewusst war: Gott liebte Noomi die ganze Zeit, während er sie durch diese dunklen Zeiten führte. Wie von den Mineralien im Toten Meer wurde sie von seiner Gnade liebevoll umgeben und getragen. Ich glaube, der himmlische Vater zog sie an sich und flüsterte ihr zu, was er seinen Kindern so oft sagt: „Glaub mir, mein Kind, denen, die mich lieben, müssen alle Dinge zum Besten dienen. Vertrau mir. Auch wenn deine Not größer scheint, als du ertragen kannst, meine Gnade genügt."

„Glaub mir, mein Kind, denen, die mich lieben, müssen alle Dinge zum Besten dienen. Vertrau mir. Auch wenn deine Not größer scheint, als du ertragen kannst, meine Gnade genügt."

***

Noomis Name bedeutet „die Liebenswürdige", und wir haben allen Grund zu der Annahme, dass sie sich ihren Schwiegertöchtern gegenüber genau so verhielt, wie ihr Name es andeutet. Die beiden liebten und schätzten sie offensichtlich sehr; auch Orpa, die sich letztlich entschied, in Moab zu bleiben, denn sie weinte, als sie Noomi verließ. Ich habe den Eindruck, dass Noomi einen besonders großmütigen Charakter hatte: Sie drängte ihre Schwiegertöchter dazu, lieber an ihre eigene Zukunft zu denken als an Noomis Wohlergehen. Angesichts dieser Charakterstärke überrascht es nicht, dass Noomi großen Einfluss auf Ruths Leben hatte. Menschen, die andere aufopferungsvoll lieben, ziehen andere an und führen sie dadurch oft zu Gott.

Es gibt Zeiten im Leben, da haben wir keinen Glauben. Doch Gott weiß auch in Zeiten großer Trauer, wenn uns das Leben sinnlos erscheint, wie es in uns aussieht. Auch wenn es uns in diesen Situationen schwerfällt, das zu glauben: Er versteht unseren Schmerz und unsere Angst vor der Zukunft. Er wird uns niemals vergessen oder im Stich lassen.

Nach ihrer Rückkehr nach Bethlehem sagte Noomi: „Nennt mich nicht mehr Noomi. Nennt mich Mara[2], denn der Allmächtige hat mir das Leben bitter gemacht. Reich und wohlhabend bin ich ausgewandert und mit leeren Händen lässt mich der Herr heimkehren. Warum solltet ihr mich Noomi nennen, wenn der Herr mir so viel Leid zugemutet und der Allmächtige solches Unglück über mich gebracht hat?"[3]

Sie fühlte sich von Gott verlassen. Sie hatte alles gehabt und alles verloren. War sie Gott gleichgültig geworden? Er schien nicht mehr der Gott zu sein, den sie gekannt hatte.

Haben Sie sich jemals so gefühlt? Waren Sie von Ihrem Leben enttäuscht? Traurig über die Dinge, die Sie erlebt haben? Dachten Sie, dass Gott Sie verlassen hat? Machen Sie nicht den Fehler, sich in einer solchen Krise einen neuen Namen zu geben. Die Wahrheit sieht ganz anders aus…

Die meisten Frauen hätten an Noomis Stelle jede Hoffnung verloren

Als Noomi hörte, dass Gott seinem Volk geholfen und dem „Brothaus" wieder Brot geschenkt hatte, kehrte sie nach Bethlehem zurück. Ich bewundere sie wirklich, denn trotz ihrer äußerst schwierigen Situation behielt sie ihre Unabhängigkeit als Frau. Sie hatte den Mut, das Leben allein mit Gott zu bewältigen. Sie entschloss sich, eine lange Heimreise anzutreten, ohne zu wissen, wie sie als Witwe ohne Nachkommen zurechtkommen würde.

Zu jener Zeit gab es für Witwen keine Möglichkeit, ihren Lebensunterhalt selbst zu bestreiten. Die besten Zukunftsaussichten hätte sie, wenn ein Familienangehöriger sie heiraten und dann versorgen würde. Aber in der damaligen Zeit galt sie bereits als alte Frau. Wer würde sie noch nehmen? Die meisten Frauen hätten in dieser Situation jede Hoffnung verloren. Nicht aber Noomi. In ihrer dunkelsten Stunde erhaschte sie einen Schimmer von Gottes Treue. Noomi wagte zu glauben, dass Gott ihr helfen würde, wenn sie nach Hause zurückkehrte. Anstatt herumzusitzen und

Noomi hatte den Mut, das Leben allein mit Gott zu bewältigen. Sie entschloss sich, eine lange Heimreise anzutreten, ohne zu wissen, wie sie als Witwe ohne Nachkommen zurechtkommen würde.

sich zu wünschen, dass alles anders wäre, stand sie auf und unternahm etwas. Und ihr Mut veränderte sowohl ihr eigenes Leben als auch das vieler anderer – auch Ihres und meines!

Gibt es in Ihrem Leben Bereiche, in denen Sie, bildlich gesprochen, aufstehen müssen? Oder gibt es Punkte in Ihrem Leben, an denen Sie falsche Entscheidungen getroffen haben? Vielleicht haben Sie etwas Tragisches erlebt, etwas, worauf Sie keinen Einfluss hatten und das Sie vollkommen fertiggemacht hat. Vielleicht haben Familienstreitigkeiten einen Keil zwischen Sie und Ihre Lieben getrieben, oder Sie trauern, weil Ihnen der Tod jemanden genommen hat wie bei Noomi?

***

Ich verstehe, dass es schmerzhaft ist, einen geliebten Menschen zu verlieren. Das erste Mal erlebte ich das als kleines Mädchen, als mein Großvater in die Ewigkeit ging. Danach verlor ich meine zwei ungeborenen Kinder, meine Eltern und meine Schwester. Seitdem ist der Himmel meinem Herzen sehr nah.

Inmitten all der Trauer, die ich in meinem Leben erlebt habe, ermutigen mich die Worte Davids aus dem bekannten und oft zitierten Psalm 23: „Und ob ich schon wanderte im finstern Tal, fürchte ich kein Unglück; denn du bist bei mir, dein Stecken und Stab trösten mich."[4]

David ging in seinem Leben durch viele finstere Täler – buchstäblich und im übertragenen Sinn. Einige bestanden darin, dass Saul und andere versuchten, ihn umzubringen.

Und obwohl er ein Mann nach Gottes Herzen war, führten ihn manchmal auch seine eigenen schlechten Entscheidungen in wirklich finstere Täler. Als das erste Kind starb, das er mit Batseba gezeugt hatte[5], hatte er zwei Möglichkeiten: Er konnte entweder sitzen bleiben und sich von seinem Kummer verzehren lassen oder er konnte aufstehen und gemeinsam mit Gott durch das dunkle Tal seines Schmerzes hindurchgehen.

Machen Sie das finstere Tal nicht zu Ihrem ständigen Wohnort. Betrachten Sie es stattdessen als einen vorübergehenden Aufenthaltsort, den Sie mit Gottes Hilfe zügig durchqueren, um so bald wie möglich wieder ans Licht zu gelangen.

Machen Sie das finstere Tal nicht zu Ihrem ständigen Wohnort. Betrachten Sie es stattdessen als einen vorübergehenden Aufenthaltsort, den Sie mit Gottes Hilfe zügig durchqueren, um so bald wie möglich wieder ans Licht zu gelangen.

Wir können etwas von Noomi lernen: Sie stand trotz ihres Schmerzes auf und ließ die Vergangenheit hinter sich. Und das beinhaltete in ihrem Fall sogar, dass sie die Gräber ihrer Lieben in einem fremden Land zurücklassen musste.

„Nennt mich nicht Noomi, nennt mich Mara!"

Noomi ging ein großes Risiko ein, nicht nur, weil die Reise von Moab nach Bethlehem damals für eine Frau sehr gefährlich war, sondern auch, weil es beschämend sein würde, den Menschen in Bethlehem wieder zu begegnen. Oft sind die äußeren

Risiken und Schwierigkeiten, mit denen wir im Leben konfrontiert sind, weitaus geringer als unsere inneren Probleme – vor allem dann, wenn wir uns für irgendetwas schämen. Aber wir wissen ja bereits, dass Noomi eine mutige Frau war.

Wie schon erwähnt, wollte sie bei ihrer Ankunft in Bethlehem nicht, dass die Leute sie Noomi nannten. Sie sagte ihnen, dass sie sie stattdessen Mara nennen sollten – „die Bittere". Das erinnert an einen Vorfall, der im 2. Buch Mose beschrieben wird. Einige Tage lang hatten die Israeliten auf ihrer Wüstenwanderung in das verheißene Land kein Wasser gefunden. Dann heißt es: „Da kamen sie nach Mara; aber sie konnten das Wasser von Mara nicht trinken, denn es war sehr bitter. Daher nannte man den Ort Mara."[6]

Es ist nur zu verständlich, dass wir, wenn wir durch die Wüste wandern, nach Erfrischung lechzen … und es ist frustrierend, wenn wir dann statt der erhofften Stärkung nur bitteres Wasser vorfinden. Ich frage mich, ob Noomi ähnlich wie die Israeliten ein wenig murrte – auch wenn ihr ihre eigene Verbitterung durchaus bewusst war.

Noomi war tatsächlich enttäuscht von dem, was ihr das Leben und „der Allmächtige" beschert hatten. Wir alle werden zu verschiedenen Zeiten unseres Lebens Verluste erfahren. Und wir alle werden manchmal enttäuscht sein, dass das Leben nicht immer so verläuft, wie wir es geplant haben. Wenn das geschieht, ist es leicht, an Gott zu zweifeln und bitter zu werden.

***

Darf ich Sie, wenn Sie selbst bittere Zeiten durchmachen, ermutigen, sich Folgendes vor Augen zu halten: Wir können durch unsere Reaktion auf Verluste entweder bitter oder besser werden. Es kommt ganz darauf an, wohin wir unsere Aufmerksamkeit richten. Schauen wir auf unsere Umstände oder schauen wir auf Jesus, der selbst gelitten hat und unsere Schwächen verstehen kann? Wenn wir uns Gott und seiner Gnade nicht zuwenden, die alles wiedergutmachen kann, worin wir versagt haben, machen wir alles nur noch schlimmer.

Der Verfasser des Hebräerbriefs warnt uns: „Lasst nicht zu, dass aus einer bitteren Wurzel eine Giftpflanze hervorwächst."[7]

Unsere Bitterkeit macht uns selbstgerecht und redet uns ein, dass wir etwas Besseres verdient hätten oder dass wir das Recht hätten, zornig zu sein, weil wir betrogen wurden oder nicht das bekommen haben, was uns zusteht. Das sind normale Gefühle, die viele Menschen erleben, wenn sie einen Verlust erleiden. Aber wir werden verbittert, wenn wir uns darauf versteifen, dass uns jemand etwas vorenthält oder uns ausnutzt, und nicht dazu in der Lage sind, diese Gefühle irgendwann loszulassen.

Wir können auch verbittert werden, wenn wir den Eindruck haben, dass *Gott* uns etwas vorenthält oder sich von uns zurückgezogen hat. Genau das empfand Noomi, als sie nach Bethlehem zurückkehrte: „Der Allmächtige hat mir das Leben bitter gemacht. Reich und wohlhabend bin ich ausgewandert und mit leeren Händen lässt mich der Herr heimkehren."[8]

***

Wenn ich an die vielen Menschen in der Bibel denke, die mit Verlusten und Verbitterung konfrontiert waren, berührt es mich tief, dass Gott offenbar immer eine Lösung anbietet. Im Fall der Israeliten in der Wüste, die wegen des bitteren Wassers entmutigt waren, erhörte Gott Moses Flehen und zeigte ihm ein Stück Holz, das dieser dann ins Wasser warf, woraufhin das Wasser genießbar wurde.[9]

Wie will Gott in Ihren Enttäuschungen und Ihrer Verbitterung für Sie sorgen? Seine ultimative Fürsorge besteht im Holz des Kreuzes Christi. Gott hat uns in seiner Liebe und Vergebung, die sich im Opfertod seines geliebten Sohnes manifestiert, das Holz zur Verfügung gestellt, das wir in das übermächtige Wasser unseres Lebens werfen können, woraufhin es wieder genießbar wird. Wir müssen uns bewusst dafür entscheiden, uns Gott zuzuwenden und darauf zu vertrauen, dass er größer ist als die Fluten, in denen wir zu ertrinken glauben.

Als er am Kreuz hing und Durst hatte, wurde Jesus der bittere Saft der Ysop-Pflanze angeboten, damit er seinen Durst stillen konnte. Aber er weigerte sich, davon zu trinken, und sprach stattdessen von Vergebung: „Vater, vergib ihnen, denn sie wissen nicht, was sie tun!"[10] Für mich ist das ein schönes Bild dafür, dass Bitterkeit nur durch Vergebung geheilt werden kann.

Verbitterung erwächst oft aus Groll, an dem man festhält. Zuerst entscheidet man sich selbst, daran festzuhalten; dann steckt man in der Verbitterung fest und kann sich nicht mehr aus diesem Loch befreien. Wenn Ihnen Schlimmes widerfährt, werden andere Sie darin bestätigen, dass Sie alles Recht der Welt haben, in Ihrem sprichwörtlichen Loch sitzen zu bleiben. Aber keiner wird sich zu Ihnen setzen! Der beste Weg, um Verbitterung zu vermeiden, besteht darin, dem Groll keinen Raum zu geben.

Scott Peck sagt in seinem Buch „Der wunderbare Weg", dass Groll gegen andere in Wirklichkeit Groll gegen uns selbst ist. Mit anderen Worten: Wir neigen dazu, irgendeinem Umstand die Schuld an unserem Schmerz zu geben, obwohl wir es vielleicht in der Hand hätten, das Problem zu lösen, indem wir uns entscheiden, eine andere Richtung einzuschlagen oder die Sache aus einem anderen Blickwinkel zu sehen. Wir weigern uns, der Wahrheit ins Auge zu sehen oder selbst etwas zu unternehmen, um aus unserem Loch herauszukommen. Wir leugnen, wie sehr wir verletzt sind, und bagatellisieren das Problem mit Aussagen wie „So schlimm ist es nun auch wieder nicht".

Wenn Ihnen Schlimmes widerfährt, werden andere Sie darin bestätigen, dass Sie alles Recht der Welt haben, in Ihrer sprichwörtlichen Grube sitzen zu bleiben. Aber keiner wird sich zu Ihnen setzen!

Wenn Sie aus Ihrem finsteren Tal herauswollen, müssen Sie die Vergangenheit loslassen. Verabschieden Sie sich von dem, was Sie verloren haben. Denken Sie nicht länger an die falschen Entscheidungen, die Sie getroffen haben. Es ist Zeit, mit dem Trauern aufzuhören. Heute ist Ihr Tag! Stehen Sie auf, gehen Sie vorwärts, und öffnen Sie sich für die Segnungen, die Gott Ihnen schenken will.

Gott liebt es, bitteres Wasser zu verwandeln

Zurück zu unserer Geschichte: Noomi hielt nicht an ihrer Verbitterung fest. Woher wissen wir das? Wenn wir die Beziehung zu ihrer Schwiegertochter betrachten, erkennen wir, dass Ruth für Noomi ein Werkzeug der Gnade war, eine wahrhaft gute Reisebegleiterin. Und wir sehen, dass Noomi durch Ruth neue Hoffnung schöpfte. Die Hoffnung wuchs, als Ruth auf die Felder ging, um Ähren aufzulesen, und dort „zufällig" auf ein Feld kam, das einem Verwandten von Noomi gehörte – Boas.

Noomi ermutigte Ruth, sich Boas zu nähern, damit er für sie sorgte. Sie trug dazu bei, den Ball für die nun beginnende Liebesgeschichte ins Rollen zu bringen, die sich unter Gottes Führung in allen Einzelheiten wunderbar entwickelte und schließlich dazu führte, dass Boas Ruth heiratete. Dadurch wurde Noomi die Großmutter ihres ersten Enkels Obed, der ja dem Gesetz nach als Kind ihres verstorbenen Sohnes – Ruths erster Ehemann – galt.

Obed bedeutet „Diener des Herrn". Können Sie sich vorstellen, welch eine Freude es für Noomi war, Oma zu werden? Ganz sicher haben einige von Ihnen diese Freude bereits erlebt. In ihrer Verbitterung hätte Noomi sich nicht vorstellen können, jemals wieder Freude zu empfinden. Doch als die Verbitterung in ihrem Herzen durch Lachen und Freude ersetzt wurde, kehrte sie ins Leben zurück und konnte mit ihrer Familie feiern.

Auch die Frauen Bethlehems sagten zu Noomi: „Gelobt sei der Herr! Er hat dir mit diesem Kind jemanden gegeben, der für dich sorgen wird. Möge dein Enkel berühmt werden bei den Israeliten! Er wird dir viel Freude schenken und sich um dich kümmern, wenn du alt geworden bist. Deine Schwiegertochter, die dich liebt, hat ihn geboren; sie ist mehr wert für dich als sieben Söhne!"[11]

Als die Verbitterung in ihrem Herzen durch Lachen und Freude ersetzt wurde, kehrte Noomi ins Leben zurück und konnte mit ihrer Familie feiern.

Weiter lesen wir: „Noomi nahm das Kind auf ihren Schoß als Zeichen dafür, dass sie es als ihr eigenes annahm. Ihre Nachbarinnen gaben ihm den Namen Obed (‚Diener des Herrn') und erzählten überall: ‚Noomi hat einen Sohn bekommen!' Obed wurde der Vater Isais, und dessen Sohn war König David."[12]

Gott liebt es, bitteres Wasser in Segen zu verwandeln. Und er segnete Noomi wirklich. Das Holz war in das Wasser Maras geworfen worden und hatte es süß gemacht.

Als Noomi als Gescheiterte nach Bethlehem zurückkehrte, wusste sie, wie sich eine Verliererin fühlt. Doch als sie Obed auf dem Arm hielt, wurde sie zur Heldin der Nachbarschaft.

Ich weiß nicht, wie es zu Ihrem Versagen oder Ihrer Bitterkeit gekommen ist, aber ich weiß, dass das letzte Kapitel Ihrer Geschichte noch nicht geschrieben ist. Ich wünsche Ihnen, dass Sie Ihren Weg weitergehen und wie Noomi erleben, dass Gott aus allem Schweren etwas Gutes machen kann.

Der Weg zurück nach Hause ist der Weg zurück zum Herzen Gottes.

Nach Hause kommen

Ich glaube, dass wir alle von Zeit zu Zeit eine bittere Wurzel entwickeln. Das gehört zum Menschsein dazu. Wie können wir feststellen, ob das bei uns der Fall ist?

Das augenfälligste Zeichen ist: Bittere Wurzeln bringen keine gute Frucht. An der Frucht können wir immer ablesen, welche Wurzeln wir haben.

Als ich jung war und in meinem kommunistischen Heimatland nicht studieren durfte, wuchs in meinem Herzen eine kleine bittere Wurzel. Ich glaube, dass sie mich dazu veranlasste, auf der Suche nach einem besseren Leben in den Westen zu fliehen. Nachdem ich jedoch vergewaltigt worden war, trennte mich Furcht von Gott.

Ich wollte nach Hause zurückkehren. Der Weg nach Hause ist oft nicht leicht … aber es lohnt sich immer, zum Herzen Gottes zurückzukommen.

***

Eines Sonntags predigte der Pastor über die Rückkehr des verlorenen Sohnes. Er las: „Er machte sich auf den Weg und ging zurück zu seinem Vater. Der erkannte ihn schon von Weitem.

Voller Mitleid lief er ihm entgegen, fiel ihm um den Hals und küsste ihn.“[13] Während der Pastor weiterlas, sah ich den Film meines eigenen Lebens vor meinem inneren Auge ablaufen. Nur hatte ich den Titel geändert: „Die verlorene Tochter“.

Um die Geschichte des verlorenen Sohnes und die Liebe, die der Vater ihm entgegenbrachte, besser zu verstehen, müssen wir einen Blick auf die damalige Situation werfen. Die Familien lebten in kleinen Dörfern, in denen die Bewohner einander gut kannten und in enger Verbindung zueinander standen. Wenn irgendetwas Besonderes vorfiel, sprach es sich schnell herum. Als der jüngere Sohn sein Erbteil forderte und fortging, war das mit Sicherheit ein öffentlicher Skandal. Zudem setzte er sich über die Wertvorstellungen hinweg, die ihm beigebracht worden waren, und verschleuderte sein Erbe. Das führte dazu, dass er ins Elend stürzte und in einem Schweinestall arbeiten musste – für einen Juden eine riesige Schande. Und nun, nachdem er mit den Regeln seines Vaters und der Gesellschaft gebrochen hatte, beschloss er, nach Hause zurückzukehren.

Wenn er, nachdem er so schändlich versagt hatte, in sein Dorf zurückgekehrt wäre, hätten die Dorfältesten eine sogenannte Kesassah abgehalten, eine „Zeremonie der Schande“.

Als der Vater ihn am Horizont entdeckte, raffte er sein Gewand zusammen und „lief ihm voll Mitleid entgegen“ – obwohl es für einen erwachsenen Mann im 1. Jahrhundert als unschicklich galt, seine Beine zu entblößen und zu rennen.

Ich sage Ihnen, warum er das dennoch tat. Wenn der Sohn, nachdem er so schändlich versagt hatte, in sein Dorf zurückgekehrt wäre, hätten die Dorfältesten eine sogenannte *Kesassah* abgehalten, eine „Zeremonie der Schande". Sie hätten zum Zeichen dafür, dass er nicht länger zu ihrer Gemeinschaft gehörte und im Dorf nicht mehr willkommen war, ein Tongefäß auf dem Boden zu seinen Füßen zerschmettert.

Das ist der Grund, warum der Vater ihm entgegenlief. Er brachte damit zum Ausdruck: „Ich muss meinen Sohn mit der Gnade erreichen, bevor sie ihn mit dem Gesetz erreichen. Ich muss ihm Hoffnung schenken, bevor sie ihm die Hoffnung nehmen. Ich habe eine andere ‚Zeremonie' im Sinn: eine Willkommensparty, um seine Heimkehr zu feiern."

Wir wollen uns einmal der Reihe nach anschauen, was der Vater für den verlorenen Sohn tat. Gott hat dasselbe für mich getan und wird es auch für Sie tun, wenn Sie zu ihm zurückkehren.

Als Erstes befiehlt der Vater seinen Knechten: „Beeilt euch! Holt das schönste Gewand im Haus, und gebt es meinem Sohn."[14] Die gute Nachricht ist: Gott zieht uns die „Kleider des Heils"[15] an – er hält uns unsere Schuld nicht länger vor und kleidet uns in den Mantel der Gerechtigkeit Christi.

„Steckt einen Ring an seinen Finger!" Es handelte sich hierbei um den Siegelring der Familie, der benutzt wurde, um Geschäfte abzuwickeln. Gott nimmt uns nicht unter Vorbehalt wieder an. Er beauftragt uns neu und ermächtigt uns dazu, in seinem Namen zu handeln und sein Reich zu bauen.

„Zieht Sandalen an seine Füße!" Zu jener Zeit trugen Knechte in der Öffentlichkeit keine Schuhe – das taten nur Söhne.

Und so war das Einzige, das die Ältesten sahen, als Vater und Sohn das Stadttor erreichten, das Kleid der Gerechtigkeit. Der Sohn war bedeckt, der Vater nahm die Schande auf sich. Er nahm seinen Sohn an, obwohl dieser ihn mit seinem Verhalten vor den Augen der Dorfbewohner verachtet hatte.

„Schlachtet das gemästete Kalb und lasst uns ein Fest feiern." Ich bin auf einem Bauernhof aufgewachsen und weiß daher, dass man ein Kalb nicht über Nacht mästen kann. Es braucht Zeit. Der Vater hatte dieses Fest also von langer Hand vorbereitet.

***

Einige Zeit darauf betete ich das Vaterunser, und als ich zu der Zeile kam, in der es heißt: „Und vergib uns unsere Schuld, wie auch wir vergeben unseren Schuldigern", prüfte ich mein Herz und stellte fest, dass es da noch jemanden gab, dem ich nicht vergeben hatte. Ich wollte dem Mann vergeben, der mich vergewaltigt hatte, aber es tat immer noch so weh. „Bitte, Heiliger Geist, hilf mir", betete ich, „aus eigener Kraft kann ich das nicht."

Da nahm ich in meinem Herzen ein sanftes Flüstern wahr: „Du hast recht. Aus dir selbst heraus kannst du ihm nicht vergeben. Aber ich werde dir helfen."

Ohne einen Augenblick zu zögern, sagte ich: „Herr, ich entscheide mich, ihm zu vergeben, auch wenn meine Gefühle protestieren."

Die innere Heilung kam schrittweise. Und ich erkannte: Wenn ich mich entschied, dem Mann zu vergeben, musste ich mich auch entschließen, mir selbst zu vergeben. Ich trug so viele Reuegefühle mit mir herum. Ich bat Gott, mir auch dabei zu helfen. Und tatsächlich: Der Heilige Geist befähigte mich, alles, was ich bedauerte, hinter mir zu lassen.

Während Gott mit seiner zärtlichen Liebe an mir wirkte und die Zeit das Ihre tat, durfte ich erleben, wie Gott eine meiner größten Verletzungen in eine wunderbare Geschichte der Erlösung verwandelte.

Ich durfte erleben, wie Gott eine meiner größten Verletzungen in eine wunderbare Geschichte der Erlösung verwandelte.

Indem ich dem Mann vergab, ließ ich los (und das bedeutet das Wort „vergeben" wörtlich: loslassen). Und indem ich losließ, überließ ich es Gott, mit ihm zu verfahren, wie er wollte. Als ich das Holz des Kreuzes in das bittere Wasser warf, bekam das einst so bittere Wasser den süßen Geschmack der Erlösung, den wir kosten dürfen, wenn Gott uns von dem befreit, was wir bedauern und was uns verletzt hat.

Sollten Sie in Ihrem Leben vom rechten Pfad abgekommen sein, gibt es für Sie immer noch Hoffnung. Sie können den richtigen Weg wiederfinden, wenn Sie nach Hause zurückkehren – zurück in die wunderbaren Arme des

Vaters, der bei Ihrem Anblick losläuft, um Sie zu umarmen, zu lieben, zu heilen, mit Ihnen zu feiern und Ihnen zu vergeben. Er hat einen Plan für Sie. In Noomis Fall war das Happy End so schön, wie man es normalerweise nur von einem Märchen erwarten würde.

Der Rückwärtsgang ist ein guter Gang

So, wie eine bittere Wurzel wachsen und viele vergiften kann, kann auch eine erlöste Wurzel wachsen und viel Frucht bringen. Lange Zeit war ich traurig über die bitteren Erfahrungen meiner Vergangenheit, weil mir nicht klar war, dass sie die perfekte Ausgangsbasis für Gottes Gnade und Heilung sind. Seit Gott begann, mich zu heilen, und ich anfing, anderen von diesem schmerzlichen Teil meiner Geschichte zu erzählen, sehe ich immer wieder voller Staunen, wie er Menschen für sich gewinnt und liebevoll an sein Herz zieht.

Eine Frau, die mein Buch „Größer als meine Träume" gelesen hatte, schrieb mir aus dem Gefängnis:

„Ich habe gerade Ihr Buch gelesen … Jetzt begreife ich, dass Gott mir vergeben will, obwohl ich eine Reihe unschuldiger Menschen getötet habe und jetzt die Folgen tragen muss. Ich habe Gott um Vergebung gebeten, und durch Ihr Buch haben Sie mir gezeigt, dass ich mir selbst auch vergeben muss."

Und eine andere Frau schrieb mir Folgendes:

„Jemand hat mir Ihr Buch geschenkt und auf einer langen Zug-fahrt habe ich es ganz gelesen. Als ich an meinem Reiseziel an-gekommen war, ging ich zuerst in eine Kirche, bekannte Gott meine Sünden und entschied mich, Jesus nachzufolgen."

Ich habe seither Hunderte von Briefen erhalten. Das erfüllt mich mit tiefer Demut, denn in der Bibel steht, dass alle Reich-tümer dieser Welt den Wert einer einzigen Seele, die zu Gott gefunden hat, nicht aufwiegen können.[16]

Von der Hungersnot der Seele zu einem erfüllten Leben fin-den – das ist die Lektion, die ich von Noomi gelernt habe.

***

Wissen Sie, was die Trumpfkarte des verlorenen Sohnes war? Dass er den Rückweg kannte. Auch Noomi kannte den Rück-weg, und weil sie ihn kannte, konnte Ruth einen Ausweg aus Moab finden. Aber ob Rückweg oder Ausweg – wir alle brau-chen Landkarten und Wegweiser, die uns Orientierung schen-ken und uns zeigen, was im Leben wirklich wichtig ist.

Noomi fand – gemeinsam mit ihrer Schwiegertochter – nicht nur den Weg zurück nach Bethlehem, sie wurde durch Ruth rechtlich auch zur Ururgroßmutter von König David. Weil sie trotz ihres Schmerzes nicht aufgab und Gott ihr Herz öffnete, flocht er ihre Geschichte in seine hinein ... und sie wurde nicht nur zur Vorfahrin von David, sondern auch von Jesus. Und durch Jesus wurden auch wir, die wir in seinem

Namen Vergebung gefunden haben, gesegnet. Damals, vor Hunderten von Jahren, wurden Sie und ich gesegnet, weil Noomi sich auf Gottes Plan einließ! Sind Sie nicht froh darüber, dass sie das tat?

Ich werde vielleicht nie genau wissen, in welcher Weise meine Entscheidungen, mich aufzumachen und zu Gott zurückzukehren, dazu beitragen, Gottes Pläne umzusetzen. Ich durfte Kostproben und flüchtige Einblicke in die Wunder erhalten, die er auch durch meine schmerzlichen Erlebnisse bewirkte, nachdem ich sie seiner liebevollen Fürsorge anvertraut hatte. Ich weiß nicht genau, welche Frucht Ihre Entscheidung, sich aufzumachen und zu Gott zurückzukehren, bringen wird. Aber eines weiß ich: Wenn wir den Weg zurück „nach Hause" einschlagen und ihm unsere Lebensgeschichte anvertrauen, dann macht er aus unserem Leben ein ewiges Zeugnis seiner erlösenden Güte und Gnade.

Stellen Sie sich das einmal vor: Weil eine Frau in ihrer Schwachheit aufstand und in eine andere Frau investierte, fanden beide Lebensgeschichten ein Happy End.

Einen glücklichen Ausgang hatte Gott schon die ganze Zeit für Noomi und Ruth im Sinn gehabt. Das war von Anfang an sein Plan gewesen, schon damals in Moab. Aber diesen Weg hätten die beiden nicht allein gehen können. Sie brauchten einander, um Gottes Erlösungsplan zu erleben.

KAPITEL 4

RAHEL: GROSSE LIEBE

Wenn Romantik und Tragik zusammenkommen

Rahel konnte es kaum glauben! Der gut aussehende Fremde, der am Brunnen stand, als sie dorthin kam, um die Schafe zu tränken, war ihr Cousin. Ihr Leben lang hatte sie die Geschichte gehört, wie Rebekka, die Schwester ihres Vaters, mit einem Diener fortgegangen war, den sie genau an diesem Ort getroffen hatte. Der Diener hatte sie zu einem reichen Verwandten gebracht, dem sie noch nie zuvor begegnet war. Diesen Verwandten hatte Rebekka dann geheiratet.

Und nun kam dieser Fremde hierher, Rebekkas Sohn. Konnte es sein, dass er derjenige war, den Gott für sie auserwählt hatte? Als sie an diesem Abend schlafen ging, träumte sie davon, den reichen jungen Fremden zu heiraten und ein Dutzend stattlicher Söhne zu bekommen.

***

Die Bibel enthält einige der schönsten Liebesgeschichten, die je erzählt wurden. Eine dieser inspirierenden Geschichten über die Liebe zwischen einem Mann und seiner Frau ist die von Jakob und Rahel. Sie ist in der Tat eine der größten Liebesgeschichten aller Zeiten.

Wie ihre Großtante Sara und ihre Tante Rebekka war Rahel eine Frau von großer Schönheit. Als Hirtin war sie wahrscheinlich körperlich durchtrainiert, da sie jeden Tag viele Meilen zu Fuß zurücklegte und dieser Beruf auch noch andere körperliche Arbeiten mit sich brachte.

Ihre Geschichte beginnt wie ein Märchen. Jakob, ihr Cousin, arbeitete sieben Jahre lang treu und gewissenhaft, um sie zur Frau zu gewinnen. „Und weil er sie so sehr liebte, kamen ihm die Jahre wie Tage vor."[1] Welch ein Vorrecht, so geliebt zu werden! Aber die Probleme ließen nicht lange auf sich warten.

***

Zu seinem Entsetzen nahm Jakob in seiner Hochzeitsnacht dank der Intrigen ihres Vaters nichtsahnend Rahels ältere Schwester Lea zur Frau. Obwohl Rahel Jakobs zweite Frau wurde, erfüllten sich ihre Träume von einem glücklichen Familienleben nicht. Denn Lea brachte einen gesunden Sohn nach dem anderen zur Welt, „Rahel aber war unfruchtbar".[2] Wie viel Schmerz liegt in diesen wenigen Worten.

Lea und Rahel lebten in enger Gemeinschaft miteinander. Ihre Geschichten sind ineinander verwoben und schwer voneinander zu trennen. Dennoch möchte ich versuchen, Rahel einmal isoliert von ihrer Schwester zu betrachten.

Von Gott geleitet

Auch wenn Rahel als jüngerer Tochter die Aufgabe zufiel, zum Brunnen zu gehen und Wasser zu schöpfen, um die Schafe ihres Vaters zu tränken, war es keine bedeutungslose Selbstverständlichkeit, dass sie dies an dem Tag tat, als Jakob eintraf. Wäre Lea an diesem Tag zum Brunnen gegangen, wie anders wäre wohl das Leben von Jakob und die Geschichte des Volkes Israel verlaufen! Doch Gott lenkte Rahels Schritte an diesem Tag zum Brunnen.

Auf seiner Flucht von seiner Heimat nach Haran war Jakob Gott in Bethel begegnet. „Danach brach Jakob auf und ging weiter nach Osten."[3] Beschwingt setzte er seine Reise fort. „Ich stehe dir bei; ich behüte dich, wo du auch hingehst"[4], hatte Gott ihm zugesichert, und Jakob durfte darauf vertrauen, dass Gott ihm seine Gunst schenken und ihn bewahren würde. Einige Zeit später traf er auf Hirten, die ihm von Rahel erzählten. Ihr Name berührte sein Herz und war ein Indiz für die Richtung, die sein Leben einschlagen sollte: „Rahel" bedeutet „Mutterschaf".

Die Begegnung zwischen Jakob und Rahel war von Gott geführt. Er selbst hatte das Treffen am Brunnen arrangiert. Manchmal vergessen wir, dass die scheinbar alltäglichsten Begebenheiten im Leben oft ein wichtiger Bestandteil von Gottes Plan sind, ebenso wie ein kleines Zahnrad eine entscheidende

Bedeutung in einem Uhrwerk hat. Und vom kleinsten Detail eines Plans hängen alle anderen ab. Wenn unsere Schritte von Gott gelenkt sind, haben sie oft weitreichende Folgen.

Aus der Sicht von Jakob und Rahel war ihre Begegnung überraschend und unvorhersehbar. Ein von Gott geführtes Leben wird oft von Umständen beeinflusst, die Menschen nicht hätten voraussehen können.

Wenn unsere Schritte von Gott gelenkt sind, haben sie oft weitreichende Folgen.

Als sie einander sahen, war es Liebe auf den ersten Blick, zumindest bei Jakob. Der erste Anblick des schönen Gesichts und der anmutigen Gestalt seiner Cousine überwältigte ihn. „Dann küsste er Rahel und weinte laut."[5] Da sie seine Cousine war, war es Jakob nach der Etikette des Ostens, der Heimat warmer Gefühle und demonstrativer Gesten, durchaus erlaubt, sie zu küssen.

Vielleicht waren die Tränen, die Jakob vergoss, Tränen der Dankbarkeit gegenüber Gott, der ihn zu einer Verwandten seiner Mutter geführt hatte. Ebenso waren es wohl Tränen der Freude, da er intuitiv spürte, dass die anmutige junge Frau, die er küsste, seine Ehefrau werden würde. Jakob wälzte den Stein von der Brunnenöffnung, half Rahel, die Herde zu tränken, und erzählte ihr seine Geschichte. Eine aufgeregte Rahel brachte ihn nach Hause zu ihrer Familie, wo er herzlich aufgenommen wurde.

***

George Matterson lenkt unsere Aufmerksamkeit auf die interessante Tatsache, dass die Begegnung zwischen Jakob und Rahel die erste Liebesgeschichte in der Bibel ist, die aus einer Beziehung zwischen Cousin und Cousine erwuchs. Mit anderen Worten: Sie hat ihre Wurzeln in einer vorangehenden freundschaftlichen Beziehung.[6] Jakob, von Natur aus poetisch veranlagt und überwältigt von Rahels Schönheit, wurde, lange bevor die beiden ein Paar wurden, von einer tiefen Liebe ergriffen.

Etwas, worüber es sich nachzudenken lohnt: Während uns heute erzählt wird, dass voreheliche Erfahrungen völlig in Ordnung sind, weil man so am besten herausfinden kann, ob zwei Menschen zusammenpassen, zeigt das Beispiel Jakobs etwas anderes: Der beste Beweis für wahre Liebe ist, dass sie warten kann. Jakob musste viele Jahre warten, bis die Frau, die er auf den ersten Blick liebte, seine Ehefrau wurde.

Sie wurde aus tiefstem Herzen geliebt

In der Bibel wird ausdrücklich gesagt: „Jakob liebte Rahel ... Jakob arbeitete bei Laban sieben Jahre für Rahel, und weil er sie so sehr liebte, kamen ihm die Jahre wie Tage vor."[7] Auch nachdem Jakob erfahren hatte, dass Laban ihn betrogen und ihm Lea zur Frau gegeben hatte, diente er ihm weitere sieben Jahre, nachdem Laban ihm Rahel – nach der Hochzeitswoche mit Lea – als zweite Ehefrau dazugegeben hatte. „Er liebte [Rahel] mehr als Lea"[8], lesen wir. Vom ersten Augenblick an, als Jakob Rahel sah, liebte er sie und wollte sie heiraten.

Doch obwohl Jakobs Herz nur ihr gehörte, hatte nicht Jakob, sondern Gott die eigentliche Wahl getroffen, und Gott hatte Lea den ersten Platz zugedacht. Als zweite Ehefrau bekam Rahel ihren Mann nur zur Hälfte. Die andere Hälfte hatte ihre Schwester und Rivalin bekommen.

Während Lea wohl „den Schlüssel zu Jakobs Haus besaß, hatte Rahel den Schlüssel zu seinem Herzen. Lea übte vielleicht im Alltag Einfluss auf ihn aus, aber seine Liebe gehörte zeitlebens Rahel. Lea schenkte Jakob sechs Söhne. Rahel bekam nur zwei, aber die Söhne Rahels hatte er mehr ins Herz geschlossen als die Söhne Leas."[9]

Vom ersten Augenblick an, als Jakob Rahel sah, liebte er sie und wollte sie heiraten.

Durch seine leidenschaftliche, anhaltende Liebe zu Rahel nimmt Jakob unter den männlichen Liebenden in der Bibel eine Sonderstellung ein. Die Bibel berichtet nichts über Rahels Liebe zu Jakob. Wir würden gerne glauben, dass Rahels Liebe zu Jakob ebenso leidenschaftlich war wie seine Liebe zu ihr und dass die Jahre, die sie auf ihn warten musste, auch ihr wie wenige Tage vorkamen – wir wissen es jedoch nicht.

Sie wurde betrogen

Nachdem Jakob sieben Jahre für seinen Onkel gearbeitet hatte, stimmte Laban seiner Hochzeit mit Rahel zu. Nach jüdischem Brauch ist das Gesicht der Braut dabei in der Regel – abgesehen von einem kleinen Schlitz für die Augen – völlig verhüllt.

Nachdem Jakob seine Braut geheiratet und mit ihr die Nacht verbracht hatte, stellte er nach dem Aufwachen mit Schrecken fest, dass er betrogen worden war. Jakob hatte gedacht, er hätte Rahel geheiratet, aber stattdessen war nun Lea seine Frau. Er war außer sich, und als er Rahels Vater zur Rede stellte, teilte dieser ihm mit, dass es in seinem Land Sitte sei, die ältere Tochter zuerst zu verheiraten. Er fügte hinzu, Jakob könne auch Rahel bekommen, wenn er bereit sei, weitere sieben Jahre für ihn zu arbeiten. Da Jakob Rahel so leidenschaftlich liebte, stimmte er sofort zu und erklärte sich bereit, weitere sieben Jahre für seinen Schwiegervater zu arbeiten. Für die Frau seiner Träume war ihm kein Preis zu hoch.

„Jakob liebte Rahel mehr als Lea. Er blieb noch einmal sieben Jahre bei Laban."[10] Einst hatte Jakob seinen Bruder Esau getäuscht und ihn um sein Erstgeburtsrecht betrogen. Nun hatte sich der Spieß umgedreht, und Jakob war derjenige, der betrogen wurde. Aber auch Rahel wurde betrogen, denn zweifellos hatte sie sich ebenfalls auf die Hochzeit gefreut.

Sie war unfruchtbar

Rahel, Jakobs Traumfrau, wurde jäh auf den Boden der Tatsachen zurückgeholt, als sie feststellen musste, dass Lea Kinder bekam und sie nicht. Von da an hatte sie nur ein Ziel: Sie wollte um jeden Preis Kinder bekommen. Sie war wie besessen von diesem Gedanken, der zu einer erbitterten Rivalität zwischen ihr und ihrer Schwester führte und letztlich beide Frauen um ihre Zufriedenheit und Lebensfreude brachte.

Wir dürfen nicht zu hart mit Rahel ins Gericht gehen. Schließlich bestand zur damaligen Zeit die Hauptaufgabe und Bestimmung einer Frau darin, dass sie Kinder zur Welt brachte. Ob und wie gut sie diese Aufgabe erfüllte, entschied über den Wert, den sie in den Augen ihrer Mitmenschen – und in ihren eigenen – besaß.

Rahels anhaltende Unfruchtbarkeit führte dazu, dass sie ungeduldig und wütend wurde. Der Anblick von Leas vielen Kindern erfüllte sie mit Neid. Was für eine Seelenqual steckt in diesem einen Satz: „Rahel aber war unfruchtbar.“[11] Rahel provozierte Lea damit, dass sie nicht die Liebe ihres Mannes besaß, und Lea rächte sich, indem sie ihre Rivalin auf deren Kinderlosigkeit hinwies.

Der Anblick von Leas vielen Kindern erfüllte sie mit Neid. Was für eine Seelenqual steckt in diesem einen Satz: „Rahel aber war unfruchtbar.“

***

Wie bekannt kommt mir diese Rivalität unter uns Frauen vor! Ich war Mitte dreißig, als mehrere Paare nach einem Treffen beieinanderstanden. Ditmar schlang seinen Arm um mich, während wir uns unterhielten. Eine meiner Freundinnen machte eine leise Bemerkung – sie war an die anderen Frauen gerichtet, aber leider hörte ich sie dennoch: „Sie hat ihren Mann, aber wir haben unsere Kinder.“ Wie ein Speer durchbohrten diese Worte mein Herz.

Sie wusste nicht, wie sehr ich kämpfte. Wie ich Monat für Monat auf ein Kind hoffte. Sie wusste nichts von den zwei Fehlgeburten – von der riesigen Vorfreude, die ich empfunden hatte, und der abgrundtiefen Verzweiflung, in die ich gestürzt war.

Gott hat uns Frauen mit einem angeborenen Verlangen geschaffen, Leben zu schenken und zu nähren. Bei mir war das nicht anders. Jedes Mal, wenn ich Mütter mit ihren kleinen Kindern sah, brach in mir eine starke Sehnsucht auf. Vor allem an Weihnachten. Miroslav Volf sagt es in seinem Buch „Umsonst – Geben und Vergeben in einer gnadenlosen Kultur" so: „Ich fühlte mich wie das einzige Kind in einer großen Familie, das die Eltern vergessen hatten zu beschenken."

Ich wartete … und wartete. Aber ich wurde nie wieder schwanger. Mit der Zeit stellte ich fest, dass ich eifersüchtig wurde, wenn meine Freundinnen Kinder bekamen. Ich erinnerte mich an Rahel. Wie gefährlich ist Neid! Ich weiß nur allzu gut, dass wir Frauen es meisterhaft verstehen, uns nichts anmerken zu lassen, während wir innerliche Qualen ausstehen, weil wir uns mit anderen vergleichen, denen es vermeintlich besser geht.

***

In der Bibel sehen wir, wie eine andere Frau, die auch unter Kinderlosigkeit litt, anders damit umgegangen ist:

Hanna sehnte sich danach, Kinder zu bekommen, aber sie wurde nicht schwanger. Sie litt umso mehr, da sie die ständigen

Sticheleien und Provokationen ihrer Rivalin Peninna, der zweiten Frau ihres Mannes, ertragen musste.

Aber Hanna weigerte sich, sich auf Peninnas Spiel einzulassen und es ihr mit gleicher Münze heimzuzahlen. Stattdessen weinte sie und betete zu Gott. Sie stand ehrlich zu ihrer inneren Not und ordnete sich Gottes Plan für ihr Leben unter.[12] Hanna zeigt uns, dass Gott nicht will, dass Sie ein glückliches Gesicht machen, wenn Sie unglücklich sind. Er möchte Ihr wahres Gesicht sehen.

***

Kurz nach dieser Begebenheit las ich in einem Gemeindebrief ein Gedicht, das mich im Innersten traf:

Neid starrt den anderen an und denkt:
„Ich wollte, ich hätte, was du hast!"
Mitgefühl sieht den anderen an und fragt:
„Was habe ich, das ich dir geben könnte?"
Neid dreht sich um sich selbst und sagt: „Ich Ärmster!"
Mitgefühl wendet sich dem anderen zu und sagt: „Du Ärmster!"
Neid zerstört und lähmt mich,
Mitgefühl belebt und motiviert mich.
Neid ist eine Todsünde.
Mitgefühl ist eine wundervolle Tugend, die Christus widerspiegelt.

Mit der Zeit befreite mich Gott von meinem Neid und schenkte mir Mitgefühl. Ich lernte, mein Leben nicht durch das zu definieren, was mir fehlte, sondern durch das, was ich besaß, und mich daran zu erfreuen. Stück für Stück ließ er mir die Gnade zuteilwerden, zu akzeptieren, dass ich nie das Geschenk der Mutterschaft erleben würde.

Ich ahnte nicht, dass Gott eines Tages sogar diese Erfahrung benutzen würde, um seinen größeren Plan zu verwirklichen.

***

Rahels ganzes Sein konzentrierte sich auf den Wunsch, Mutter zu werden. So schrie sie Jakob irgendwann an: „Verschaff mir endlich Kinder, sonst will ich nicht länger leben!"[13] Oh, wie vertraut klingt diese theatralische Aussage! Ersetzen Sie das Wort „Kinder" durch einen beliebigen anderen Begriff, und Sie und ich haben wahrscheinlich schon im gleichen schrillen Ton gesagt: „Verschaff mir …, sonst will ich …"

Sie sagte damit: „Wenn es nicht so läuft, wie ich mir das vorstelle, will ich lieber tot sein." Sie war eine Frau, die fast alles im Leben besaß. Körperliche Schönheit, alle materiellen Dinge, die sie brauchte, und die hingebungsvolle Liebe ihres Mannes. War Jakobs Liebe nicht mehr wert als noch so viele Söhne? Nein. Rahel war neidisch, selbstsüchtig, unzufrieden und fordernd.

Weil sie von Jakob verlangte, eine Situation zu verändern, die außerhalb seiner Kontrolle lag, verlor Jakob schließlich die

Beherrschung. „Bin ich denn Gott? Er hat dir Kinder versagt und dich unfruchtbar gemacht, nicht ich!"[14]

Rahel hätte zu Gott schreien sollen, statt Jakob anzuschreien, den sie mit ihrer unerfüllbaren Forderung nur wütend machte. Bestimmt liebte er Rahel aufrichtig und zärtlich, trotzdem war er empört über ihr unverschämtes Verlangen.

Gott dachte an sie

Hätte Rahel sich damit zufriedengegeben, dass Jakob sie von ganzem Herzen liebte, hätte sie geduldig darauf gewartet, dass der Herr ihren Mutterleib öffnete, und während dieser Wartezeit ihre Zeit und Kraft in Leas Söhne investiert, dann hätten wir ihr Beifall geklatscht. Wir hätten sie als Vorbild betrachtet, das uns vor Augen führt, wie eine gottesfürchtige Frau mit solch einer Situation umgeht.

Aber Rahel war leider ein fehlbarer Mensch, genau wie wir. Und so „wurde sie eifersüchtig auf ihre Schwester"[15]. Obwohl Rahel ausgesprochen schön war und von ganzem Herzen geliebt wurde, waren ihr diese Freuden nicht genug. Sie wollte das, was ihre Schwester hatte.

Rahel steht mit ihrer Sünde nicht alleine da. Wir hatten alle schon mit Neid und Eifersucht zu kämpfen. Als Rahel schließlich ihre eigenen Bemühungen aufgab, „dachte Gott … auch an Rahel"[16]. Natürlich hatte er sie nie vergessen. Aber er wartete, bis sie die Waffen streckte. Dann erhörte er ihre Gebete und sie wurde schwanger. Gott hört auch heute noch auf unser ehrliches Schuldbekenntnis, unsere demütige Bitte und unser

Eingeständnis, dass wir ihn mehr brauchen als jede andere Person oder Sache.

Rahel brachte einen Sohn zur Welt. Die dankbare Mutter wurde zur Prophetin, denn sie nannte ihr Kind Josef, was „Der Herr füge mir einen anderen Sohn hinzu" bedeutet. Das war nicht nur Wunschdenken, sondern die Voraussage einer Seherin. Von allen Kindern Jakobs wurde Josef schließlich der gottesfürchtigste und bedeutendste.

Neid löst weder unser Problem, noch verhilft er uns zu dem, was wir wollen. Er macht uns blind für das, was wir haben, und unglücklich über das, was uns fehlt.

Das beste Mittel, das ich gefunden habe, um sich gegen die Eifersucht auf den Erfolg anderer zu schützen, lautet: Laden Sie Gott ein, Ihnen seine Vision für Ihr Leben zu offenbaren, und glauben Sie von ganzem Herzen, dass er es tun wird. Wenn Sie sich dabei ertappen, dass Sie andere beneiden, bekennen Sie es ihnen oder zumindest Gott. Beten Sie für sie, und unterstützen Sie sie bei dem, was sie tun.

> *Neid macht uns blind für das, was wir haben, und unglücklich über das, was uns fehlt.*

Sie starb auf tragische Weise

Als Jakob mit seiner Familie, seinen Knechten und Mägden und seinen Viehherden auf dem Weg von Bethel nach Efrata war, starb seine geliebte Rahel bei der Geburt ihres zweiten Sohnes Benjamin. Sie hatte ihren ersten Sohn Josef genannt, was, wie schon erwähnt, „Der Herr füge mir einen anderen

Sohn hinzu" bedeutet. Diese Voraussage erfüllte sich, als Benjamin geboren wurde. Wie oft werden unsere strahlendsten Hoffnungen im Leben von der Trostlosigkeit des Grabes überschattet! Rahel hatte um Kinder gebetet, aber die Geburt ihres zweiten Sohnes war ihr eigener Tod. Welche Kämpfe und Seelenqualen stecken in den Sätzen: „Sie hatte eine sehr schwere Geburt ... Rahel starb.“[17]

Im Angesicht des Todes nannte sie ihren Sohn Ben-Oni, was „Sohn des Schmerzes" bedeutet. Ihre Schmerzen hatten sie an den Rand des Grabes gebracht, und das Geschenk, das sie so sehr begehrt hatte, erwies sich als erdrückende Last, unter der sie zusammenbrach. Doch Jakob wählte einen anderen Namen für ihr Kind und nannte den Jungen Benjamin. Das bedeutet „Glückskind". Und er überschüttete das mutterlose Kind mit Zuneigung.

***

Rahels erster Sohn, Josef, sollte eines Tages von entscheidender Bedeutung für das Volk Israel werden: Dadurch, dass er seine ganze Familie nach Ägypten holte, rettete er sie vor der verheerenden Hungersnot, die damals in Israel herrschte. Interessanterweise hatte Gott Jakobs Namen zu diesem Zeitpunkt schon in „Israel" geändert – das bedeutet „Kämpfer Gottes".

„Rahel starb, und Jakob begrub sie an der Straße nach Efrata, das jetzt Bethlehem heißt. Er errichtete einen Gedenkstein auf ihrem Grab, der heute noch als Rahels Grabmal bekannt ist."[18] Rahel war gestorben, aber Jakobs Liebe zu ihr starb nie. Der Tod ist nicht das Ende der Liebe eines Menschen zu einem anderen. Es heißt nicht umsonst, dass die Liebe stärker ist als der Tod. Jakob liebte Rahel von dem Moment, als er sie zum ersten Mal sah, bis zu ihrem letzten Atemzug so sehr, dass er einen Gedenkstein errichtete, um den Ort zu kennzeichnen, an dem sie begraben war.

Jakob verband mit Bethlehem Erinnerungen an den Tod. Es ist doch interessant, dass heute der Rest der Welt Bethlehem mit einer Geburt, nämlich der unseres Retters, verbindet.

Jakob hat Bethlehem nie vergessen. Als er sich auf seinem Sterbebett an all die Orte erinnerte, die er in seinem Leben besucht hatte, dachte er an Bethlehem, wo er seine schöne Rahel begraben hatte. Ihr Tod brachte neues Leben hervor – sie hatte ihm einen zweiten Sohn hinterlassen. Jakob verband mit Bethlehem Erinnerungen an den Tod. Es ist doch interessant, dass heute der Rest der Welt Bethlehem mit einer Geburt, nämlich der unseres Retters, verbindet.

***

Rahel erinnert uns daran, dass Schönheit keine Garantie für Zufriedenheit ist. Auch ein liebevoller Ehemann ist kein Garant für Glück. Letztlich kann nur eine innige Beziehung zu unserem himmlischen Vater echte Zufriedenheit schenken.

Alle anderen Dinge können uns enttäuschen, und je größer die Hoffnungen sind, die wir auf sie setzen, desto unerfüllter und verletzter werden wir am Ende sein.

Wenn wir nicht das bekommen, was wir uns von Herzen wünschen, passiert es leicht, dass wir nur auf das schauen, was uns fehlt, und all das Gute übersehen, das wir haben. Nur Jesus Christus kann uns helfen, über unsere eigenen Bedürfnisse und Wünsche hinauszuwachsen und unsere Freude und Bestimmung darin zu finden, andere zu lieben.

KAPITEL 5

LEA: UNGELIEBT, ABER NICHT UNGESEHEN

Ablehnung überwinden und ein Vermächtnis hinterlassen

*D*er stille Stern schien hell, aber er bot Leas traurigem Herzen keine Hoffnung. Ihre Wirklichkeit war grausam und unvermeidlich. Lea, die ältere und weniger attraktive von zwei Schwestern, war von ihrem Vater Laban gezwungen worden, Jakob zu heiraten. Sie war seine erste Frau, doch sie würde niemals seine erste Liebe sein.

Wie überlebt man emotional in einer Welt, in der man weiß, dass man nicht geliebt wird?

Die Episode von Lea und Jakob ist ein inspirierendes Kapitel in der größeren Geschichte des christlichen Glaubens. Und sie enthält eine besondere Botschaft für Frauen, die nach emotionaler Erfüllung suchen. Wir finden die Geschichte in den Kapiteln 29 bis 49 von 1. Mose.

Sind Sie auf der Suche nach Ihrer Bestimmung? Fragen Sie sich: „Hat mein Leben überhaupt den Sinn, den es haben sollte oder könnte? Was bleibt, wenn ich diese Erde verlasse?"? Leas Geschichte zeigt uns, was am Ende wirklich zählt.

Unwiderstehlich für ...

Was muss Lea gefühlt haben, als sie an jenem Morgen mitbekam, wie Jakob sich bei ihrem Vater beschwerte: „Was hast du mir angetan? Ich habe dir für Rahel gedient, oder etwa nicht?" Falls Lea jemals gehofft hatte, geliebt zu werden, falls sie es jemals gewagt hatte zu glauben, dass sie mit ihrer schönen Schwester konkurrieren könnte, dann wurden ihre Illusionen an jenem Morgen zerschlagen.

Als Lea neben Jakob aufwachte, wachte sie in einer Welt der Verletzungen auf. Sie war eine ungewollte Braut, gefangen in einer lieblosen Ehe.

Für all die Leas unter uns, die von den Männern in ihrem Leben ignoriert werden, die von ihrem Vater, ihrem Freund, ihrem Mann nicht geliebt werden, gibt es Hoffnung.

> *Als Lea neben Jakob aufwachte, wachte sie in einer Welt der Verletzungen auf.*

„Als der Herr sah, dass Lea nicht geliebt wurde ..."[1] Stellen Sie sich das einmal vor! Der allmächtige Gott, der Schöpfer des Universums, blickt in das gebrochene Herz einer Frau. Meine Freundin Jill Briscoe, die eine Autorin und Rednerin ist, sagt: „Wenn man Ablehnung erfährt, ist es unsagbar schwer zu glauben, dass man überhaupt von jemandem bemerkt wird." Doch Gott hat Lea bemerkt. Er sorgte sich um sie. Und er linderte ihren Schmerz in einer Weise, wie nur er es konnte: „… da öffnete er ihren Mutterleib; Rahel aber war unfruchtbar."[2]

Der Spieß hatte sich umgedreht. In einer Kultur, in der Kinder das deutlichste Zeichen göttlicher Gunst waren, hatte Lea plötzlich die Trumpfkarte in der Hand. Auch wenn Lea für Jakob nicht begehrenswert war, so war sie doch unwiderstehlich für Gott.

Machen Sie sich keine Sorgen um Rahel. Sie haben ja gerade das Kapitel über diese jüngere Schwester gelesen. Einige Jahre später schenkte Gott auch ihr Kinder. Doch zuerst zeigte er Lea, dass sie in ihrer Gesellschaft Wert besaß und in der Tat geliebt wurde – wenn nicht von ihrem Vater und ihrem Ehemann, so doch ganz gewiss von ihrem himmlischen Vater.

***

Falls Sie jemals Ihren Wert oder Ihre Schönheit als Frau infrage gestellt haben, lassen Sie diese Wahrheit tief in Ihr Herz sinken: Sein Blick ist anders als der von uns Menschen. In Gottes Augen sind Sie wunderschön.[3]

In seinen Augen sind Sie es wert, Ihnen nachzugehen. Er will die Mauer durchbrechen, die Sie um Ihr Herz aufgerichtet haben, um es zu schützen. Seine Zuwendung heilt Ihre Wunden aus der Zeit, in der Sie vernachlässigt, abgelehnt oder verletzt wurden. Egal, ob Sie verheiratet sind oder nicht, Ihr

Schöpfer ist jetzt Ihr Ehemann.[4] Sie müssen nicht die Blicke der Männer auf sich ziehen. Sie sind bereits dem König der Könige ins Auge gefallen.

Lea war von Gott erwählt, um eine bestimmte Aufgabe zu erfüllen. Genau wie Sie. Gott sah. Gott sah Sie. Er hat Sie geschaffen. Er sah den Grund, warum Sie auf die Welt kommen sollten. Er sah ein bestimmtes Bedürfnis auf dieser Erde, das Sie erfüllen sollten. Er wusste, welches Umfeld Sie brauchen würden, um bestimmte Charakterzüge und Fähigkeiten zu entwickeln. Gott sah, dann schuf er. Er schuf Sie. Und Gott sah Sie an und sagte: „Das ist sehr gut!"

Wessen Tochter sind Sie?

Lea hatte Unrecht erlitten. Ihr Vater hatte keine allzu hohe Meinung von ihr. Das sieht man daran, dass er eine Ehe für sie arrangierte, indem er ihren zukünftigen Mann austrickste. Lea war der „Scherzpreis", der Scherz, den ihr Vater sich mit Jakob erlaubte. Die Geschichte ist lustig … bis man sie aus Leas Perspektive betrachtet. Können Sie sich vorstellen, wie Lea sich gefühlt haben muss, als sie sich für die Hochzeit fertig machte – in dem Bewusstsein, dass ihr Bräutigam sie gar nicht haben wollte? Ohne Zweifel hatte Lea als junge Frau Hoffnungen und Träume gehabt. Doch ihr Herz wurde verletzt.

Wunden, die uns als Mädchen zugefügt wurden, übermitteln Botschaften, die uns tief ins Herz treffen. Sie verunsichern uns, lassen uns Dinge infrage stellen. Wie gut kann ich das nachvollziehen! Mein Vater hat nie zu mir gesagt, dass er mich lieb hat. Also habe ich daraus geschlossen, dass ich nicht liebenswert bin. Nicht gut genug, nicht schön genug, um geliebt zu werden. Als Kind konnte ich das nicht in Worte fassen und nicht richtig einordnen, aber später wurde es mir schmerzlich bewusst.

Tatsache ist: Wenn Sie nicht all das durchgemacht hätten, was Sie durchgemacht haben, dann wären Sie nicht die Frau, die Sie heute sind.

Wenn wir vernachlässigt, verletzt oder missbraucht werden, glauben wir meistens, dass wir selbst daran schuld sind. Tief in uns haben wir Angst, dass irgendetwas mit uns nicht stimmt. Wir glauben, wenn wir anders wären, dann würden wir geliebt werden.

Tatsache ist: Wenn Sie nicht all das durchgemacht hätten, was Sie durchgemacht haben, dann wären Sie nicht die Frau, die Sie heute sind.

***

Mein himmlischer Vater hat die Frage, ob ich es wert bin, dass man für mich kämpft, ein für alle Mal beantwortet: „Denn Gott hat die Menschen so sehr geliebt, dass er seinen einzigen Sohn für sie hergab.“[5] Hat ihn seine Liebe etwas gekostet? Sie hat ihn alles gekostet. Und er sagt, Sie sind es wert! „Seht doch, wie groß die Liebe ist, die der Vater uns schenkt! Denn wir dürfen uns nicht nur seine Kinder nennen, sondern wir sind es wirklich.“[6]

Werden Sie geliebt?

Schauen Sie zum Kreuz. Schauen Sie zum Vater, der seinen Sohn für Sie gegeben hat.

Für Sie.

Später in meinem Leben fand ich einige Puzzleteile meiner Vergangenheit und entdeckte, dass ich drei Väter hatte. Aber das Beste ist: Ich habe einen Vater im Himmel. Er hat mich in seine Familie aufgenommen, denn er dachte schon an mich (und an Sie), bevor er die Welt erschaffen hat: „Denn in ihm hat er uns erwählt, ehe der Welt Grund gelegt war."[7] Als ich das erfuhr, erkannte ich, dass Gott einen guten Plan für mich hat und mich liebt.

Die Liebe des Vaters kennen – so kommt unser Herz zur Ruhe. Wenn wir diese Liebe umarmen und ihr vertrauen, beginnt unsere Seele zu heilen. Wir alle sind verletzt – die eine mehr, die andere weniger. Wir alle müssen ein für alle Mal wissen: Wir sind geliebt und wunderschön. Nicht nur dann, wenn wir große blaue Augen haben, sondern auch mit unseren Extrakilos.

Lea war Gottes Idee, sogar ehe sie Labans Tochter war. Oder Rahels Schwester. Oder Jakobs Ehefrau. Ihre Identität wurzelt in Gott. Ebenso wie Ihre. Sie sind Gottes Idee, Gottes Wahl, Gottes Geschöpf. Und Gott hat Sie für eine bestimmte Zeit und einen bestimmten Ort geschaffen. So wie Lea.

Gedenksteine für erhörte Gebete

Leas Leben veränderte diese Welt wie kaum ein anderes Frauenleben. Die Namen, die sie ihren Kindern gab, bezeugen den starken Glauben, den Gott in ihr Herz gelegt hatte. Obwohl Jakob sie wenig schätzte, dachte Gott an sie. Sie wurde die Mutter von sechs Söhnen, welche die Repräsentanten von sechs der zwölf Stämme Israels werden sollten. Die Namen, die Lea wählte, verraten etwas über ihre Beziehung zu Gott.

Ruben war ihr Erstgeborener. Sein Name bedeutet „Seht, ein Sohn!". Lea pries Gott dafür, dass er ihr Gunst erwiesen hatte. Dieses göttliche Erbarmen wurde in einem solchen Namen in kostbarer Erinnerung gehalten; leider hat Ruben diese Erinnerung später getrübt.

Simeon bedeutet „Der Herr hat gehört". Lea nannte ihren zweiten Sohn so, weil Gott ihr Weinen wegen Rahels Hass gehört hatte. Solch ein Name ist wahrhaftig ein Gedenkstein für ein erhörtes Gebet!

Levi bedeutet „Zuwendung". So nannte Lea ihren dritten Sohn, denn sie hoffte, dass ihr Mann sich ihr nun endlich zuwenden und sie lieben würde. Schließlich hatte sie ihm drei Söhne geboren.

Juda war ihr vierter Sohn. Und diesmal passierte etwas in ihrem Herzen. Der Name bedeutet nämlich „Lobpreis". „Diesmal", so sagte Lea offenbar, „will ich den Herrn preisen!" Vielleicht war Jakob inzwischen tatsächlich ein bisschen liebevoller ihr gegenüber geworden. In jedem Fall war Lea bewusst, dass Gott gut zu ihr und Jakob gewesen war. Nachdem sie die

Selbstsucht in ihrem Herzen besiegt hatte, sagte sie aus tiefster Überzeugung: „Ich will den Herrn preisen! Ihm allein sei Ehre!"

Lea bekam noch zwei weitere Söhne, die sie „Issaschar" und „Sebulon" nannte, sowie eine Tochter, Dina.

***

Das Beste, was wir tun können, um unsere Freude in einer lieblosen Ehe zurückzugewinnen, ist, unsere Blickrichtung zu ändern: weg von dem, was wir nicht haben, hin zu dem, was Gott uns gegeben hat.

Das Beste, was wir tun können, um unsere Freude in einer lieblosen Ehe zurückzugewinnen, ist, unsere Blickrichtung zu ändern: weg von dem, was wir nicht haben, hin zu dem, was Gott uns gegeben hat.

Was hatte Lea? Sie hatte vier Söhne in einer Zeit, in der Söhne alles waren! Als ihr das klar wurde, erkannte sie den Reichtum, den Gott ihr geschenkt hatte, und konnte von ganzem Herzen sagen: „Ich will den Herrn preisen!"

Was für eine Frau! Anstatt Gott für das anzuklagen, was sie nicht hatte, pries sie ihn für das, was sie hatte. Es ist, wie Augustinus schrieb: „Gott liebt jeden Einzelnen von uns so, als gäbe es außer uns niemanden, dem er seine Liebe schenken könnte."

Es war Leas vierter Sohn, Juda, von dem König David und König Salomo abstammten. Ohne Lea gäbe es weder die zahlreichen Psalmen Davids noch die weisen Sprüche Salomos oder das Buch Prediger.

Jedes Mal, wenn sie einen Sohn zur Welt brachte, ehrte und dankte sie Gott. Ihre Umstände brachten ihr Elend und ein liebloses Familienleben, doch ihr Gottesbild war geprägt von Vertrauen.

Der erstaunliche Stammbaum

Rahels Schatz war gewissermaßen auf ihr, aber Leas Schatz war in ihr. Äußerlich sah es nicht so aus, als ob Gott große Pläne mit Lea hätte. Doch was Lea an Schönheit mangelte, machte sie mit ihrer Treue zu Jakob und als Mutter für ihre Kinder wett. Von ihr stammen alle levitischen Priester ab, denn sie sind Nachkommen ihres dritten Sohnes, Levi. Dazu gehören zum Beispiel Mose, Aaron und Mirjam. Ohne Lea gäbe es keinen Levi, keinen Mose und damit auch nicht die ersten fünf Bücher der Bibel, die Zehn Gebote, den Auszug aus Ägypten oder den Typus des Hohepriesters, der auf Jesus und seinen Dienst der Fürbitte hinweist.

Rahels Schatz war auf ihr, aber Leas Schatz war in ihr.

Leas Nachkomme Kaleb war einer der wenigen Männer, die das verheißene Land nach vierzig Jahren betreten konnten, weil er Gott vertraute. Ich glaube, Kaleb hatte seine geistliche Stärke und das enorme Durchhaltevermögen von Lea geerbt: Niemals gab er auf, niemals bemitleidete er sich selbst oder resignierte er.

Jahrhunderte später betrat ein weiterer Nachfahre Leas die Bildfläche: Boas, König Davids Urgroßvater. An dem Tag, als Boas Ruth zur Frau nahm, segneten ihn die Ältesten mit den Worten: „Möge der Herr deine Frau machen wie Rahel und Lea, die gemeinsam das Haus Israel bauten." Und Lea hat viel mehr zu dem Haus Israel beigetragen als Rahel!

Doch von Lea stammen nicht nur die Hohepriester und Priester ab, sondern auch alle Könige Judas. Außerdem lebt Leas DNA in den Hauptpersonen der Weihnachtsgeschichte weiter. Sowohl Maria als auch Josef gehörten zum Stamm Juda, dem vierten Sohn Leas. Elisabeth und Zacharias sowie ihr Sohn Johannes der Täufer gehörten wiederum zum Stamm Levi, dem dritten Sohn Leas. Im Land Sebulons, Leas sechstem und letztem Sohn, liegt auch Nazareth, wo Jesus aufwuchs.

Kurz gesagt: Ohne Lea gäbe es keinen Juda, ohne Juda keinen König David und ohne David nicht denselben Jesus, der nun auf dem Thron sitzt, und ohne Jesus keine Errettung.[8]

Und wer, glauben Sie, hat sich um Benjamin gekümmert, nachdem Rahel gestorben war? Natürlich war es keine andere als Lea, die ihn zu sich nahm und ihn erzog wie ihr eigenes Kind. Vom Stamm Benjamin stammte Saul ab, der erste König Israels, sowie der Apostel Paulus.

Mittlerweile müsste klar sein: Leas Vermächtnis lässt sich nicht in ihrer irdischen Zeitspanne ermessen. Genauso können auch Sie die Wirkung Ihres Lebens nicht kurzfristig beurteilen.

✳✳✳

Zeit und etwas Abstand sind entscheidend, um zu verstehen, was Gott durch unser Leben bewirkt. Lea ahnte nicht, dass aus ihren Kämpfen einmal Könige und Priester hervorgehen würden, noch hätte sie sich wohl jemals erträumt, einen Großteil der Bibel zu beeinflussen. Vor allem hätte sie sicher nie gedacht, dass der Retter der Welt – von menschlicher Seite her – ihre DNA in sich tragen würde. Und so wie Lea nicht in die Zukunft schauen konnte, so bleibt auch uns das Kommende verborgen. Dennoch werden die Entscheidungen, die wir heute treffen, andere noch lange beeinflussen.

Späte Liebe

Am Ende seines Lebens gab Jakob Anweisungen, wo er begraben werden wollte: nicht mit Rahel in Bethlehem, sondern mit Lea und seinen Vorfahren. Am Ende hatte Lea doch Jakobs Liebe gewonnen.

Das beschreibt auch ein beliebtes israelisches Lied, das „Lea, ich liebe dich" heißt. Im Refrain singt Jakob darin:

„So viele Tage sind vergangen,
und meine Hände sind müde,
doch deine Augen sind schön geworden
wie die Augen Rahels.
Ich liebe dich, Lea,
voller Stolz.
Sollte ich dich je vergessen, Lea,
dann soll mein Name nicht mehr Israel sein."

Leas Geschichte zeigt etwas Entscheidendes: Das Vermächtnis unseres Lebens lässt sich nicht allein an der kurzen Zeitspanne von ein paar Jahrzehnten auf Erden messen. Es geht weit darüber hinaus. Leas Geschichte – wie auch unsere – ist Teil von Gottes größerem Plan, ein Faden im Teppich der Ewigkeit, den er webt.

Schönheit, die nie vergeht

Und noch etwas können wir aus dieser Geschichte lernen: Wichtige Entscheidungen sollten nie aufgrund von reinen Äußerlichkeiten getroffen werden. Rahel war schön, und sobald Jakob sie erblickte, erlag er ihrem Charme. Doch es war Lea, nicht Rahel, die Juda gebar, durch dessen Abstammungslinie unser Erlöser in die Welt kam. Lea mag für andere unattraktiv gewesen sein, doch für Gott war sie anziehend – wegen ihrer inneren Schönheit, die die hübsche Rahel vermissen ließ.

„Es gibt zwei Arten von Schönheit", erinnert uns Kuyper, „die Schönheit, die Gott uns bei der Geburt gibt und die wie eine Blume verwelkt, und die Schönheit, die Gott uns schenkt, wenn wir von Neuem geboren werden. Diese Art von Schönheit vergeht nie, sondern blüht in Ewigkeit." Hinter manchem unscheinbaren Gesicht verbirgt sich eine äußerst liebenswürdige Herzenshaltung. Und Gott sieht nicht die äußere Erscheinung an, sondern das Herz.

Auch wir sollten Menschen nicht nach Äußerlichkeiten beurteilen. Rahel war hübsch, aber Gott blickte viel tiefer: in ihr Herz. Lea besaß eine innere Schönheit, an der es der launischen, neidischen Rahel mangelte.

Lea besaß jene Schönheit, die nie verblüht.

Leas Würde und Pracht

Im 21. Kapitel der Offenbarung erfahren wir: Die zwölf Tore des neuen Jerusalem, welche die Namen der zwölf Stämme Israel tragen, sind jeweils aus einer Perle gemacht.

Wissen Sie, wie Perlen entstehen? Die Bildung einer Perle beginnt damit, dass ein Fremdkörper in die Muschel eindringt, zwischen der äußeren Haut und der Schale, was die Muschel reizt. Die natürliche Reaktion der Muschel besteht darin, den Fremdkörper mit demselben Material abzudecken, aus dem die Schale besteht. Schicht für Schicht bildet sich daraus langsam die Perle.

Vergessen Sie nie: Große Perlen entstehen durch großen Schmerz! Leas lebenslanges Leid führte letztlich zu ewiger Würde und Pracht.

Stellen Sie sich nun Folgendes vor: Durch diese Perlentore werden wir einst den Himmel betreten – und die Hälfte der Tore werden die Namen von Leas Kindern tragen. Lea litt unter all dem Fremden und Schmerzhaften, das in ihr Leben trat – Schmerz, den sie nicht verursacht hatte und nicht verhindern konnte. Doch sechs der Himmelstore stehen zur Ehre all des Guten, das aus ihrem Leben hervorging. Im Himmel scheint es sehr große Perlen zu geben, wenn sie als Tore dienen können. Vergessen Sie nie:

Große Perlen entstehen durch großen Schmerz! Leas lebenslanges Leid führte letztlich zu ewiger Würde und Pracht.

Deshalb möchte ich Sie ermutigen, über folgende Fragen nachzudenken: Was wird im Himmel an Ihr Leben erinnern? Welche Perlen formen Ihre schwierigen und schmerzlichen Situationen?

„Bitte gib mir ein Erbe!"

Unglaublich! Es sah ganz danach aus, dass Gott eine Zeitschrift für die Frauen Europas wollte – und dass er mich auserwählt hatte, sie zu gründen. Wie konnte das sein? Ich hatte noch nie irgendeine Zeitschrift herausgegeben; ich war keine Autorin. Aber mein Herz brannte für Frauen in Not. Sie waren meine Schwestern, und wenn Gott sie durch solch eine Zeitschrift erreichen wollte – wer war ich, ihn daran zu hindern?

Meine Gedanken wanderten zu Lydia, der ersten Christin auf dem europäischen Kontinent – einer Frau, deren Herz weit offen war für Gott. Sie war eine Unternehmerin, eine Führungspersönlichkeit, die sich nicht dem Ruf Gottes verschloss, ihr eigenes Volk mit dem Evangelium zu erreichen.

Diese Frau wurde die Namensgeberin der Zeitschrift – eine demütige Christin, deren Leben uns bei unseren verlegerischen Bemühungen inspirierte.

Über viele Jahre hinweg haben unsere Leserinnen die Geschichten der Zeitschrift, die auf Deutsch, Rumänisch und Ungarisch erscheint, mit Begeisterung gelesen und viel Ermutigung durch sie empfangen. Sie haben die Fackel über Generationen, Konfessionen und Kulturen hinweg weitergetragen.

Ich hatte das Vorrecht, Tausende von Briefen von Frauen zu lesen, die berichteten, wie die Zeitschrift ihr Leben verändert hat. Carina ist dreißig Jahre alt und schon ihre Mutter und ihre Oma haben LYDIA gelesen.

„Seit meiner Geburt hat LYDIA mein Leben begleitet, ebenso wie sie das meiner Mutter und meiner Oma begleitet hat", schrieb sie. „Nun, da ich selbst Mutter bin, begreife ich mehr und mehr, wie wichtig es ist, dass wir unsere Erfahrungen an die nächste Generation weitergeben – sowohl unsere geistlichen als auch unsere ganz praktischen, alltäglichen."

Wir staunen immer wieder darüber, in welchem Ausmaß die Frauen die Zeitschrift im Laufe der Jahre abonniert und weitergegeben haben. Seit ihrer Gründung sind über neun Millionen Exemplare in über hundert Ländern in Umlauf gekommen. Der „edle Geist" der Purpurhändlerin Lydia hat zahllose Menschen ermutigt, Jesus Christus nachzufolgen und ihr familiäres und soziales Umfeld durch ihren Glauben zu prägen.

Wie ist die Zeitschrift also entstanden? Sie wurde nicht aus kostbaren Purpurstoffen zusammengenäht, sondern unter Nöten und Schmerzen geboren.

Mein Kindheitstraum

Es begann mit einem Kindheitstraum. Was ist ein Bleistift? Nur ein Stück Holz mit einer Bleimine in der Mitte. Aber für mich war er ein wahrer Schatz. Ich bin in einem ungarischen Dorf aufgewachsen. Wir waren nicht reich und ein Bleistift musste lange halten. Um ihn zu schonen, schrieb ich im Sommer mit dem Finger in den Sand. Im Winter war der Schnee mein weißes Blatt Papier.

Schon als Kind war ich beeindruckt von der Kraft des gedruckten Wortes. Bereits in jungen Jahren stand ich unter dem Einfluss eines bekannten kommunistischen Dichters und träumte davon, eines Tages Schriftstellerin zu werden. Damals ahnte ich nicht, dass meine Liebe zu jenem Bleistift bereits auf meine spätere Bestimmung hinwies.

Damals ahnte ich nicht, dass meine Liebe zu jenem Bleistift bereits auf meine spätere Bestimmung hinwies.

Während ich heranwuchs, konnte ich miterleben, wie effektiv die Kommunisten, die mein Land regierten, das gedruckte Wort für ihre eigenen Zwecke nutzten.

Als meine Familie zu Jesus fand, stellte ich fest, dass es in meinem Land keinen Platz für eine christliche Schriftstellerin gab. Also legte ich meinen kostbaren Bleistift beiseite, begrub meinen Traum vom Schreiben und lernte nähen. Stoffballen traten an die Stelle meines Bleistiftes, und ich wurde nicht Schriftstellerin, sondern Modedesignerin.

***

137

Doch eines Tages geschah etwas Unerwartetes. Ich hörte von einem Missionar, der durch mein Land reisen würde. Neugierig geworden, ging ich zu der Versammlung und rechnete damit, einen kräftigen Mann zu sehen, der imstande war, es mit Löwen und Krokodilen aufzunehmen. Zu meiner Überraschung betrat eine schlanke Frau das Podium, um zu uns zu sprechen.

Aufgeregt saß ich auf der Kante meiner harten Holzbank und fragte mich: *Gibt es im geistlichen Dienst einen Platz für Frauen?* Während die Frau sprach, betete ich leise: „Gott, wenn du jemals eine andere Frau brauchen solltest, wäre ich gerne bereit, für dich zu arbeiten."

„Gott, wenn du jemals eine andere Frau brauchen solltest, wäre ich gerne bereit, für dich zu arbeiten."

Ein paar Jahre später hatte ich das Vorrecht, eine theologische Ausbildung zu machen, während der ich meinen deutsch-kanadischen Ehemann kennen- und lieben lernte. Als jung verheiratete Ehefrau vergaß ich meinen Traum vom Schreiben. Aber Gott vergaß ihn nicht. Zu seiner Zeit, zwanzig Jahre später, erlaubte er mir von Neuem, meinen Bleistift in die Hand zu nehmen.

***

1984 bekam ich aufgrund einer ärztlichen Fehlbehandlung schreckliche Schmerzen und suchte Hilfe in verschiedenen

Kliniken in Europa und den Vereinigten Staaten. Immer und immer wieder bekam ich zu hören, dass man mir nicht helfen könne. Ich müsse lernen, mit den unerträglichen Schmerzen zu leben.

Eines Morgens kam ich bei einem Spaziergang auf eine Brücke. Während ich die Felsen unter mir betrachtete, hatte ich den Eindruck, dass der Feind mir zuflüsterte: *„Warum springst du nicht einfach hinunter – dann bist du diese Schmerzen ein für alle Mal los!"*

Erst an diesem Morgen hatte ich in der Bibel das 4. Kapitel des Matthäusevangeliums gelesen, wo der Teufel versucht, Jesus von seinem gottgegebenen Auftrag abzubringen. Ich dachte: *Diese Abkürzung werde ich nicht nehmen.*

In diesem Moment hatte ich das Gefühl, dass Gott mir die Augen öffnete und mir die Not der Frauen in Europa zeigte. Ja, da gab es Traumhäuser mit Blumenkästen voller prächtiger Blühpflanzen hinter weiß getünchten Lattenzäunen. Aber hinter den frisch gefegten Stufen, den verschlossenen Haustüren und den modischen Kleidern lebten Frauen mit Schmerzen.

Mir schien, als ob Gott leise zu meinem Herzen sprach: *„Äußerlich sieht alles wunderschön aus und scheint in bester Ordnung zu sein, aber Tausenden von Frauen geht es heute wie dir. Ihr Schmerz kann körperliche, seelische oder geistliche Ursachen haben, aber Schmerz ist Schmerz, ob der Grund dafür nun Krankheit, Einsamkeit oder irgendein anderes Problem ist."*

„Ich möchte ihnen helfen, Herr", betete ich. „Aber was kann ich tun?"

Plötzlich kam mir mein Kindheitstraum vom Schreiben wieder in den Sinn und Gott ließ in meinem Herzen die scheinbar unmögliche Idee von einer christlichen Zeitschrift für Frauen entstehen. Überrascht und tief bewegt stellte ich mich Gott zur Verfügung und sagte ihm, dass es mir eine Freude wäre, als Stift in seiner Hand zu dienen. Und an jenem Tag, inmitten von Schmerzen, wurde eine neue Vision geboren.

Der Gedanke nahm mir den Atem. Es gab in Deutschland keine solche Zeitschrift für Frauen. Sie wurde gebraucht, und es schien, als hätte ich den Auftrag bekommen, sie ins Leben zu rufen. Nach einem kalten Winter brach sich der Frühling Bahn, und ich spürte, wie neues Leben in meinen Adern pulsierte. Aber als ich an die praktischen Einzelheiten dachte, die man berücksichtigen musste, wenn man eine Zeitschrift gründen wollte, betete ich: „Herr, gibt es für diese Arbeit nicht jemanden, der qualifizierter ist?"

Als ich an die praktischen Einzelheiten dachte, die man berücksichtigen musste, wenn man eine Zeitschrift gründen wollte, betete ich: „Herr, gibt es für diese Arbeit nicht jemanden, der qualifizierter ist?"

„Vertrau mir", vernahm ich.

Warum ist es so schwer, diesen beiden kleinen Worten zu gehorchen? Dennoch – in meinem Herzen beschloss ich, dass ich ihm vertrauen würde.

140

Gottes Idee

Ich nährte meinen Traum den Frühling und Sommer über, und im Herbst war die Zeit gekommen, die Idee mit meinem Mann zu teilen. Ditmar war sofort begeistert. „Du musst dich an irgendeinen Verlag wenden", riet er mir.

Das schien nur logisch. Aber die Reaktion, die ich bekam, verblüffte mich.

„Sie wird nicht überleben", bekam ich zu hören. Die größte christliche Zeitschrift in Deutschland hatte acht Jahre nach ihrer Gründung erst 10 000 Abonnenten und musste subventioniert werden.

„Wie kommen Sie auf die Idee, dass eine christliche Frauenzeitschrift sich auf dem Markt halten könnte?", fragte mich ein geachteter Verleger. Er erzählte mir, dass ein anderer christlicher Verleger eine Untersuchung durchgeführt hatte, die erbrachte, dass es keinen Markt für eine christliche Frauenzeitschrift gab.

Enttäuscht ging ich nach Hause. „Herr, ich brauche nicht zu wiederholen, was man mir heute gesagt hat", betete ich. „Du hast alles gehört." Aber während ich im Zimmer auf und ab ging und Gott anbetete, fühlte ich mich plötzlich ganz von Trost und Frieden eingehüllt.

Dann hörte ich in meinem Herzen eine leise Stimme.

„Was soll ich für dich tun?"

Was würden Sie antworten, wenn der Herr des Universums Ihnen diese Frage stellte? Mir schwirrten so viele Dinge durch den Kopf, nach denen ich mich sehnte, so viele Möglichkeiten, worum ich ihn bitten könnte.

Zuerst dachte ich: *Bitte um ein Kind!* Ditmar und ich waren seit dreizehn Jahren verheiratet und hatten immer noch kein Kind. Selbst unsere Bemühungen, ein Kind zu adoptieren, waren gescheitert.

Mein zweiter Gedanke war: *Wie wäre es, einen Tag ohne Schmerzen zu leben?*

Doch dann kamen mir die alten Worte aus Psalm 2, Vers 8 in den Sinn: „Bitte mich, so will ich dir Völker zum Erbe geben …"[1] Da wusste ich, worum ich bitten würde.

„Gib mir 10 000 Frauen", betete ich.

***

Ein Jahr später gründeten wir den unabhängigen LYDIA-Verlag. Mit tausend Mark, die ich von meinem Haushaltsgeld gespart hatte, begann ich, glaubensstärkende Geschichten zu sammeln. Mein jugendlicher Blick für Modedesign und meine Neigung zum Geschichtenschreiben (in den Sand oder in den Schnee) kamen mir nun zugute. Ich konnte nur staunen, wie Gott das machte – er erlaubte mir, durch LYDIA meine beiden Kindheitsträume gleichzeitig in seinen Dienst zu stellen.

1986, ein Jahr später, kam die erste Ausgabe der Zeitschrift LYDIA aus der Druckerei. Heute ist sie die größte christliche Frauenzeitschrift in Europa und erscheint in drei Sprachen – Deutsch, Rumänisch und Ungarisch. Die LYDIA-Stiftung hat die rumänische und ungarische Ausgabe der Zeitschrift gefördert und unterstützt und bei der Herausgabe von einem weiteren Dutzend christlicher Frauenzeitschriften in Ost- und Westeuropa mitgewirkt.

Ja, ich hatte als Kind einen Traum. Aber Gott hatte einen größeren Traum als meinen. Im Laufe der Jahre hatte ich das Vorrecht, Tausende von Artikeln herauszugeben – Geschichten von Ewigkeitswert, die zahllosen Frauen geholfen haben, zu Gott zu finden, und sie auf ihrem Glaubensweg ermutigt haben.

Den Stab weitergeben

Im Laufe der folgenden Jahrzehnte wuchsen die Zeitschrift und ich zusammen. Aber 2014 wurde es Zeit, die Verantwortung für die deutsche Ausgabe an die nächste Generation weiterzugeben. Einige Jahre zuvor hatte sie ein neues Zuhause im Verlag Gerth Medien gefunden. Für die ungarische und rumänische Ausgabe trage ich weiterhin die Verantwortung und die LYDIA-Stiftung unterstützt sie finanziell.

Wenn ich zurückschaue, kann ich nur ehrfürchtig staunen über das, was Gott getan hat. Schmerz und Schwäche blieben meine ständigen Begleiter, und oft habe ich mich angesichts meiner körperlichen Einschränkungen gefragt, ob LYDIA rechtzeitig erscheinen würde. Und trotzdem ist in all den dreißig Jahren keine Ausgabe verspätet erschienen. Gottes Gnade genügte. Meine Schwachheit wurde zu einem Schaufenster seiner Macht.

Viele haben mich gefragt, wie ich es geschafft habe, trotz aller Schwierigkeiten weiterzumachen. Mehr als einmal hat unsere Verlagsberaterin diese Frage beantwortet, wenn sie mir auf Konferenzen gestellt wurde. „Elisabeth ist eine Visionärin und vorausschauend. Sie bestimmt die Richtung, statt ihr zu folgen. Sie findet großartige Geschichten, und sie weiß, was ihre Leserinnen brauchen und was sie bewegt."

Mag sein, dass das stimmt, aber ich kann nur sagen: Was aus dem Herzen Gottes kommt – was er plant und lenkt –, wird überleben. Ich bin felsenfest davon überzeugt, dass LYDIA Gottes Idee, Gottes Leidenschaft und Gottes Geschenk an mich war, das ich gestalten und der Welt anbieten durfte. Ich war das zerbrechliche Gefäß, das seine Botschaft der Liebe überbringen durfte.

***

Das Leben ist größer, als wir uns je erträumt haben, weil Gott viel mehr tun kann, als wir jemals von ihm erbitten oder uns auch nur vorstellen können.

Er tat bei mir dasselbe wie bei Lydia, der ersten europäischen Christin: Er öffnete mein Herz für seine Liebe zu den Verlorenen und tut dies bis zum heutigen Tag. Ich habe so viel mehr zu feiern als den Erfolg von LYDIA. Ich feiere das Leben – das Leben, das er mir geschenkt hat. Und ich bin fest entschlossen, die Pläne und Ziele, die Gott für mich hat, für den Rest meines Lebens voller Leidenschaft zu verfolgen. Das Leben ist größer, als wir uns je erträumt haben, weil Gott viel mehr tun kann, als wir jemals von ihm erbitten oder uns auch nur vorstellen können.[2]

Möge Gott Ihre Leidenschaft mit seiner vereinen. Möge er Ihre Träume nehmen, auch die, die Sie selbst vergessen haben, und sie auf eine Weise verwirklichen, die Ihr Vorstellungsvermögen übersteigt. Mögen Sie eine Frau werden wie Lydia, ganz nah am Herzen Gottes, und Ihre Gaben und Talente gebrauchen, um Ihre Familie, Ihr soziales Umfeld und Ihre Welt zu prägen.

FRAGEN ZUM NACHDENKEN
ÜBER IHR EIGENES LEBEN

Die folgenden Fragen sollen Ihnen helfen, die Geschichten dieser Frauen auf Ihr eigenes Leben zu übertragen oder in einer kleinen Gruppe darüber ins Gespräch zu kommen. Beim Nachdenken über diese Fragen sind Sie der Geschichte auf der Spur, die Gott mit Ihrem Leben geschrieben hat – und noch schreibt! Ich hoffe, dass Sie dabei wie ich entdecken: Er liebt Sie und ist mit Ihnen auf der Reise, bis Sie zu Hause angekommen sind.

Lydia

1. Lydia nahm samstagmorgens an Gebetstreffen teil. Wie wichtig ist das Gebet für Sie? Warum?
2. Hatten Sie jemals ein Erlebnis, das Sie als von Gott geleitete Begegnung bezeichnen würden?
3. Lydia betete Gott an, hatte aber nie von Jesus gehört. Warum ist Jesus so wichtig? Siehe Johannes 14,6.

4. Sehen Sie es als Vorrecht oder als Aufgabe an, die Gute Nachricht von Jesus weiterzusagen?

5. Welchen Ansatz oder welche Methoden der Evangelisation können wir in Lydias Geschichte erkennen?

6. Lydia hatte ein offenes Herz für das Evangelium und ein offenes Herz für Paulus und seine Begleiter. Welche Auswirkungen hatte dies auf Lydias Familie?

7. Wie praktizieren Sie heute Gastfreundschaft?

Ruth

1. Was denken Sie: War es Liebe zu Gott oder zu Noomi, die Ruths Entscheidung bestimmt hat?

2. Der Tod bringt Trauer, und Trauer bringt Schmerz. Wie gebrauchen Sie Ihren Schmerz? Schaffen Sie etwas Neues, oder bedauern Sie noch, was hätte sein können?

3. Wenn sich Ihre Situation über Nacht verändern würde, was hätte Ihr Schmerz Sie gelehrt, das Sie niemals vergessen werden?

4. Wo können Sie in Ruths Leben einen flüchtigen Blick auf Ihre eigenen Kämpfe erhaschen?

5. Wenn Sie mit dem Segen, den Gott Ihnen geschenkt hat, gute Samen säen möchten, ist es nötig, sich von Gott herausfordern zu lassen. Sind Sie bereit, die Kontrolle über Ihr Leben abzugeben und Gottes Führung zu folgen?

6. Wenn innere Schönheit nur dann sichtbar wird, wenn wir transparent sind, warum sollten wir Angst davor haben, anderen gegenüber ehrlich zu sein?

7. Bitten Sie Gott, Menschen in Ihr Leben zu schicken, die Ihnen dabei helfen können, Ihr Potenzial auszuschöpfen? Und wie bringen Sie selbst das Beste in anderen zum Vorschein?

8. Wann haben Sie zum letzten Mal etwas, das Sie sich wünschten, für etwas geopfert, das Sie brauchten?

Noomi

1. Sind Sie jemals irgendwo angekommen, nur um festzustellen, dass Sie an diesem Ort nicht sein wollten?

2. Haben Sie Ihren Teil der Verantwortung an dem, was schiefgegangen ist, akzeptiert und Gott um Vergebung gebeten?

3. „Hätte ich doch … Was wäre gewesen, wenn …" Wir können die Uhr nicht zurückdrehen. Welche Entscheidungen der Vergangenheit müssen Sie loslassen?

4. Wofür schämen Sie sich am meisten? Warum? Wie hat Ihre Scham Sie verändert? Welche Auswirkungen hat Selbstmitleid normalerweise auf einen Menschen?

5. Inwiefern ist Noomi in schweren Zeiten ein Vorbild für uns?

6. Wie hat Noomis Geschichte Sie ermutigt, getröstet oder zum Nachdenken gebracht?

7. Wie können Sie Ihre Geschichte des Bedauerns in eine Geschichte der Erlösung verwandeln? Was müssen Sie dabei vielleicht loslassen?

Rahel

1. Was denken Sie: War es zwischen Rahel und Jakob Liebe auf den ersten Blick?

2. Finden Sie die Abmachung, die Laban mit Jakob getroffen hat, fair? Wer hat die Bedingungen festgelegt? Welche Sitte lag dem zugrunde?

3. Ist Ihr Familienstammbaum makellos oder sind einige Zweige krumm? Sollten Sie einem Familienmitglied vergeben? Falls ja, wem und wofür? Oder wäre es an der Zeit, ein aktuelles Problem in der Familie anzusprechen?

4. Warum war Rahel wegen ihrer Kinderlosigkeit so verzweifelt? Ist es ungewöhnlich, dass Frauen ihre Schwester um deren Kinder beneiden?

5. Waren andere einmal neidisch auf Sie – sei es wegen Ihrer Position, Ihrer Gaben oder anderer Dinge?

6. Waren Sie schon einmal auf jemanden neidisch? Wie sind Sie mit den Neidgefühlen umgegangen?

7. „Liebe macht blind", sagt man. Sehen Verliebte die Fehler des anderen nicht? Sollten sie das?

Lea

1. Was bedeutet Leas Name? Wie spiegelte sich dies in ihrem Leben wider?

2. Wenn wir schlichte Leas sind, sollten wir dies als Grund zur Klage betrachten? Wie viel sollte eine christliche Frau für ihr Aussehen tun? Kann sie alles tun, was in ihrer Macht steht? Falls nicht, wo sind die Grenzen?

3. Was steht in 3. Mose 18, Vers 18 darüber, Schwestern zu heiraten?

4. Hat Jakob Lea wirklich gehasst? Siehe 1. Mose 29,30–31.

5. Wie wichtig ist Liebe in einer Ehe?

6. Lea wünschte sich nichts mehr, als eine Familie zu haben. Tragen unser hoher Lebensstandard und der moderne wirtschaftliche Status der Frau dazu bei, das Familienleben abzuwerten?

7. Obwohl Lea aus menschlicher Sicht wenig anziehend war, war sie in Gottes Augen wunderschön. Finden Sie sich schön? Warum oder warum nicht?

8. Wie sprechen Sie über Ihre Zukunft? Zuversichtlich oder ängstlich?

„Bitte gib mir ein Erbe!“

1. Gibt es eine Idee, die Sie seit Jahren beschäftigt, die Sie aber nie in die Tat umgesetzt haben?

2. Gibt es einen Traum, den Sie seit Jahren träumen, doch bisher haben Sie sich nicht getraut, jemandem davon zu erzählen?

3. Verspüren Sie von Zeit zu Zeit den Drang, etwas Bestimmtes zu tun, haben es aber nie gewagt?

4. Sehen Sie eine Möglichkeit, aktiv zu werden, hatten aber bisher Angst, diese Gelegenheit tatsächlich zu ergreifen?

Es ist Zeit, den Schatz zu heben, den Gott in Sie hineingelegt hat!

ANMERKUNGEN

Lydia: Unerwartete Begegnung

1 David Brooks: „The Road to Character". Random House, 2015
2 Apostelgeschichte 16,14
3 Apostelgeschichte 16,14; Gute Nachricht
4 siehe Philipper 4,7
5 Apostelgeschichte 16,9; Hoffnung für alle
6 siehe 2. Mose 14
7 siehe Richter 4
8 Apostelgeschichte 1,8; Gute Nachricht
9 siehe Apostelgeschichte 15,13 ff.
10 siehe Galater 3,28
11 siehe Römer 3,23
12 siehe Epheser 2,8–9
13 siehe Matthäus 28,10
14 Römer 12,11; Neue Genfer Übersetzung
15 Philipper 1,3–4; Hoffnung für alle
16 Offenbarung 7,14; Gute Nachricht

Ruth: Nach Hause kommen an einen Ort, an dem man nie gewesen ist

1 Hoffnung für alle
2 David Jeremiah: The Jeremiah Study Bible, NKJV. Worth Publishing, 2013
3 siehe Richter 3,12–31 und Leonard S. Kravitz und Kerry M. Olitzky: „Ruth: A Modern Commentary". Tel Aviv, Israel: URJ Press, 2005
4 siehe Josua 2,1
5 Ruth 2,10; Hoffnung für alle
6 Ruth 2,14; Hoffnung für alle
7 siehe Matthäus 26,26–29
8 Hohelied 8,6–7; Hoffnung für alle
9 Ruth 3,1–4; Gute Nachricht
10 Jesaja 61,10; Luther
11 Ruth 3,9; Einheitsübersetzung
12 Ruth 3,11–13; Gute Nachricht
13 Ruth 3,18; Gute Nachricht
14 siehe Ruth 4,1–8
15 Ruth 4,13; Gute Nachricht
16 Psalm 19,15; Neue Genfer Übersetzung
17 siehe Ruth 1,16–17
18 siehe Kolosser 3,12–17
19 Sprüche 22,1; Hoffnung für alle
20 siehe Matthäus 1,5
21 Herbert Lockyer: „All the Women of the Bible". Zondervan 1988
22 Offenbarung 19,9
23 „Jonis Walzer" von Joni Eareckson Tada

Noomi: Der Weg nach Hause

1 Ruth 1,1; Gute Nachricht
2 „Mara" bedeutet „bitter".
3 Ruth 1,20–21; Neues Leben
4 Psalm 23,4; Luther
5 siehe 2. Samuel 12,23
6 2. Mose 15,23; Luther
7 Hebräer 12,15; Neue Genfer Übersetzung
8 Ruth 1,20–21; Neues Leben
9 siehe 2. Mose 15,23–25
10 Lukas 23,34; Hoffnung für alle
11 Ruth 4,14–15; Hoffnung für alle
12 Ruth 4,16–17; Hoffnung für alle
13 Lukas 15,20; Hoffnung für alle
14 Lukas 15,22; Hoffnung für alle
15 Jesaja 61,10
16 siehe Matthäus 16,26

Rahel: Große Liebe

1 1. Mose 29,20; Gute Nachricht
2 1. Mose 29,31; Luther
3 1. Mose 29,1; Hoffnung für alle
4 1. Mose 28,15; Hoffnung für alle
5 1. Mose 29,11; Gute Nachricht
6 „All the Women of the bible", a. a. O.
7 1. Mose 29,18.20; Gute Nachricht
8 1. Mose 29,30; Hoffnung für alle
9 *Today's Christian Woman*
10 1. Mose 29,30; Hoffnung für alle
11 1. Mose 29,31; Luther

12 siehe 1. Samuel 1,1–18
13 1. Mose 30,1; Hoffnung für alle
14 1. Mose 30,2; Hoffnung für alle
15 1. Mose 30,1; Hoffnung für alle
16 1. Mose 30,22; Hoffnung für alle
17 1. Mose 35,16–19; Gute Nachricht
18 1. Mose 35,19–20; Hoffnung für alle

Lea: Ungeliebt, aber nicht ungesehen

1 1. Mose 29,31a; Hoffnung für alle
2 1. Mose 29,31b; Elberfelder
3 siehe 1. Samuel 16,7
4 siehe Jesaja 54,5
5 Johannes 3,16; Hoffnung für alle
6 1. Johannes 3,1; Hoffnung für alle
7 Epheser 1,4; Luther
8 Ein Teil dieses Abschnittes über Leas Stammbaum ist einer Predigt von Dr. George Wood entnommen.

Nachwort: „Bitte gib mir ein Erbe!"

1 Luther
2 siehe Epheser 3,20

„Die schöne Bindung in weinrotem Leinen mit Silberaufdruck, Banderole und Lesebändchen betont die Kostbarkeit des Wortes Gottes für den Alltag. Ein sehr gelungenes Projekt."
Voice

Das Neue Testament mit Andachten für ein ganzes Jahr

Den Glauben vertiefen und neue Kraft schöpfen – bei dem Gott, der die Quelle des Lebens ist. Diese Andachtsbibel enthält das Neue Testament in der klassischen Luther-Übersetzung. Ergänzt wird jedes biblische Kapitel mit einer Andacht von mehr als 100 Autorinnen. Auf diese Weise werden Sie innerhalb eines Jahres durch das komplette Neue Testament begleitet. Doch das ist noch nicht alles. Informationen zum historischen Hintergrund, Fragen zur persönlichen Reflektion sowie Raum für persönliche Notizen runden dieses besondere Buch ab.

Elisabeth Mittelstädt (Hg.) · Frauen begegnen Gott
Gebunden · 640 Seiten · ISBN 978-3-86591-723-2

LYDIA – Persönlich. Echt. Lebensnah.

Wunderbar begleitet – von LYDIA, der christlichen Zeitschrift für Frauen. Ermutigungen, Glaubenserfahrungen und Alltagsglück in jeder Ausgabe. So ermutigend wie die Umarmung der besten Freundin.

- Ermutigung finden
- Gott nahekommen
- Lieben lernen

Bestellen Sie Ihr kostenloses Probeheft unter www.lydia.net

Verlagsgruppe Random House FSC® N001967

© 2016 by Elisabeth Mittelstädt
© der deutschen Ausgabe 2016 by Gerth Medien GmbH, Asslar,
in der Verlagsgruppe Random House GmbH, München

1. Auflage 2016
Bestell-Nr. 817090
ISBN 978-3-95734-090-0

Bearbeitung: Delia Holtus, Nicole Schol
Umschlaggestaltung: spoon design, Olaf Johannson
Umschlagfoto: Oleg Gekman, shutterstock
Satz: Uhl + Massopust, Aalen
Druck und Verarbeitung: GGP Media GmbH, Pößneck
Printed in Germany
Nachdruck, auch auszugsweise, nur mit Genehmigung des Verlages.